¿HA EMPEZADO EL
APOCALIPSIS?

¿HA EMPEZADO EL
APOCALIPSIS?

AMIR TSARFATI

ORIGEN

Título original: *Has the Tribulation Begun?*

Primera edición: octubre de 2023

Publicado bajo acuerdo con Harvest Publishing House.

Copyright © 2023, Amir Tsarfati
Copyright © 2023, Penguin Random House Grupo Editorial USA, LLC
8950 SW 74th Court, Suite 2010
Miami, FL 33156

Traducción: María José Hooft
Diseño de cubierta: Bryce Williamson
Adaptación: PRHGE

A menos que se indique lo contrario, todas las citas bíblicas fueron tomadas de la Santa Biblia,
Reina Valera Revisada 1960.

Impreso en Colombia / *Printed in Colombia*

ISBN: 978-1-64473-823-8

ORIGEN es una marca registrada de Penguin Random House Grupo Editorial

Dedico este libro a todos los fieles seguidores y a quienes apoyan a Behold Israel. Han estado junto a mí en tiempos difíciles. Aun cuando los ataques se han sucedido uno tras otro, han permanecido a mi lado como voces bíblicamente cimentadas de sensatez, amor y poder. Ustedes han rechazado todo el sensacionalismo de parte de quienes carecen de sabiduría, carácter y discernimiento, y en cambio, han optado por someterse a la dirección de las Escrituras solamente. Me siento bendecido de tenerlos como parte de este ministerio.

AGRADECIMIENTOS

Primero y principal, quiero agradecer al Señor por su fidelidad a lo largo de toda mi vida. Aun antes de nacer, Él me amó profundamente y elaboró un plan para mi vida. ¡Qué bendición es servir a mi Salvador cada día!

Deseo agradecer a Steve Yohn por su ayuda al escribir este libro. Estoy muy agradecido por su habilidad para tomar mis pensamientos y plasmarlos sobre el papel.

Quiero dar las gracias a mi esposa Miriam, a mis cuatro hijos y a mi nuera. Incluso durante los tiempos difíciles, hemos permanecido fuertes como familia. Soy tan bendecido de tenerlos.

También deseo agradecer a mi equipo de Behold Israel por su amor, apoyo y dedicación: Mike, H.T. y Tara, Gale y Florence, Donalee, Joanne, Nick y Tina, Jason, Abigail, Kayo y Steve. Ustedes son la columna vertebral de este ministerio, y su compromiso en seguir la voluntad de Dios es lo que nos mantiene en la senda correcta.

Llegue mi especial gratitud a los muchos traductores que han puesto a disposición en YouTube mis mensajes en más de veinte idiomas. Además, quiero ofrecer mi agradecimiento a todos los coordinadores de ministerio en todo el mundo, que se aseguran de que todo marche bien en nuestras conferencias.

Gracias a Shane por su gran trabajo con el diseño gráfico y las redes sociales. Gracias a Jon por nuestra excelente aplicación y sitio web. Gracias a Don de VeniGraphics por su excelente trabajo. También, gracias a todo el equipo de Tenfold BPO por todo lo que hacen.

Gracias a Bob Hawkins, Steve Miller, Kim Moore y el maravilloso equipo de Harvest House por su arduo trabajo en hacer realidad este libro.

Por último, gracias a los miles y miles de seguidores, compañeros de oración y donantes de Behold Israel; este ministerio no existiría sin ustedes.

CONTENIDO

1

¿HA EMPEZADO EL APOCALIPSIS?

No.

Tranquilízate. Respira hondo. Escuchaste bien: el Apocalipsis no ha empezado.

"Pero, Amir, ¡mira el mundo que nos rodea! ¡Caos político, colapsos económicos, inmoralidad rampante! Seguramente esta debe ser la tribulación".

No lo es.

"El planeta se recalienta en el verano y se congela en el invierno. Hay pandemias globales y terremotos devastadores. Hay guerras en Europa y conflictos constantes en Medio Oriente y Asia y por todo el mundo. La tecnología ha llegado al punto de comenzar a colocar microchips a las personas. ¿Acaso estás ciego?".

Es cierto que sin las gafas mi vista puede ser un poco discutible, pero no estoy ciego y la respuesta sigue siendo no. Lo digo 100 % seguro, inequívocamente, sin lugar a duda: el Apocalipsis no ha empezado.

¿Cómo puedo estar tan seguro? Es muy simple: porque mi visión no está puesta en el mundo, sino en la palabra de Dios. La

Biblia deja en claro que lo que estamos viviendo ahora es un petardo en comparación con el arma nuclear de la tribulación. Mi consejo para todos aquellos que no siguen a Jesucristo es que disfruten los buenos tiempos ahora, porque no van a durar mucho.

Ahí está, lo dije. De nada. Pueden volver a relajarse.

Reconozco que desde el punto de vista literario acabo de cometer un suicidio. En lo que sería un registro de composición, ya respondí el interrogante proposicional de toda la obra entera en la primera línea del libro. Resolví el misterio antes de que nadie supiera que había habido un crimen. Es como si Agatha Christie o Arthur Conan Doyle hubieran iniciado una de sus grandes novelas con la frase "Fue el mayordomo". Un "alerta de spoiler" que hizo que el título del libro pase al olvido.

Antes de colocar este ejemplar en el estante nuevamente con un aire triunfalista de "bueno, eso resultó muy fácil", déjame decirte que hay un sentido en mi locura. Hay en juego temas más profundos e importantes que solo el tiempo de la tribulación. El tiempo es la parte más sencilla. Ciertamente podría haber dejado pendiente la pregunta de "¿Ha empezado el Apocalipsis?" por todo el libro, creando suspenso capítulo tras capítulo, generando preocupación y temor en tu mente. Pero eso sería mero sensacionalismo. Estaría jugando con tus emociones. Las preguntas sencillas demandan respuestas sencillas. Aquí la respuesta simple es: "No, el Apocalipsis no empezó aún". En los siguientes capítulos te pondré al corriente de por qué decidí hacer esa afirmación de una manera tan firme, por qué es tan importante comprender la tribulación y cómo puedes saber si comenzó en realidad, llegado el caso de que estés aquí cuando se inicie.

Este libro contiene una meta mucho mayor. Cuando comenzó la iglesia de Tesalónica, la gente se hacía casi la misma pregunta que responderemos en este libro. Circulaban rumores de que el escenario de los tiempos finales ya había comenzado. Allí es cuando Pablo irrumpió diciendo:

> Pero con respecto a la venida de nuestro Señor Jesucristo, y nuestra reunión con él, os rogamos, hermanos, que no os dejéis mover fácilmente de vuestro modo de pensar, ni os conturbéis, ni por espíritu, ni por palabra, ni por carta como si fuera nuestra, en el sentido de que el día del Señor está cerca (2 Tesalonicenses 2:1-2).

El apóstol continúa enseñándoles y recordándoles lo que había dicho en el pasado, calmando sus mentes agitadas.

Cuando hayas terminado de leer este libro, quiero que seas capaz de hacer lo mismo con tus seres queridos, amigos y hermanos de la iglesia, con todo aquel que necesite ser consolado con la verdad. Mi objetivo es que estés equipado para ser capaz de explicarles a todos por qué esto que estamos viviendo no puede ser la tribulación, cómo pueden reconocer las señales de su comienzo y cómo pueden asegurarse de no estar aquí para experimentarla.

NO ESTÁ TAN MAL

Un tema principal de la primera y segunda carta de Pablo a los corintios es la perspectiva. Constantemente regresa a la idea de que necesitamos mirar la naturaleza temporal de esta vida a través de los lentes de la eternidad. En el cuarto capítulo escribe:

Porque esta leve tribulación momentánea produce en nosotros un cada vez más excelente y eterno peso de gloria; no mirando nosotros las cosas que se ven, sino las que no se ven; pues las cosas que se ven son temporales, pero las que no se ven son eternas (2 Corintios 4:17-18).

El apóstol, que ya conocía de primera mano el sufrimiento en su propia vida, escribió que cualquier cosa que atravesemos realmente no es nada cuando la vemos en el cuadro completo de Dios. Esa puede ser una afirmación estremecedora, especialmente si luchas contra una enfermedad crónica. La mujer que tiene esclerosis múltiple, el hombre con esclerosis lateral amiotrófica (ALS), el joven con parálisis cerebral; sin dudas sus vidas lucen como cualquier cosa menos una "leve aflicción". Pero el aliento de Pablo es: "Solo espera y verás lo que Dios ha planeado para ti. Comparado con el excelente y eterno peso de la gloria de Dios —experimentar la belleza y el gozo de estar en su incomparable presencia— el dolor de esos días terrenales parecerá como nada".

Lo contrario también es cierto cuando se trata de la tribulación. Una vez que esos siete años comiencen, los problemas de nuestra situación actual también parecerán una "leve aflicción". Sin embargo, no lo será porque la vida se pondrá mucho mejor. En cambio, la gente anhelará los días tranquilos de los mandatos ocultos y los excesos del gobierno y las guerras en naciones que no son las propias. "¿Recuerdas cuando el gobierno cerró nuestras empresas y clausuró nuestras iglesias? Oh… la vida era mucho más sencilla entonces".

Esto no es para restarle importancia a lo que ha estado sucediendo recientemente. Han sido tiempos difíciles y eso es particularmente cierto para los que viven en Norteamérica. Yo no soy estadounidense, por eso puedo hablar desde afuera. Los norteamericanos que leen este libro han sido criados esperando los ideales de la vida, la libertad y la búsqueda de la felicidad. Se aferran a ellos como su herencia, sus "derechos inalienables"… Dicen que pelearán a muerte por mantenerlos, y hasta ahora han hecho un excelente trabajo.

Es por esa razón que todo el mundo quiere ir a Estados Unidos, ya sea de manera legal o ilegal. Es la capital mundial de la inmigración. Con 50,6 millones de residentes extranjeros, triplican al segundo país receptor de inmigrantes.[1] Y con buenas razones, Estados Unidos es un gran lugar para vivir. La gente no arriesga su vida o todo lo que posee para abandonar su país e irse a uno peor; se dirigen a un país mejor. Viajan a una nueva tierra que les dará más oportunidades a ellos y sus familias. Mucho de eso está basado en el ideal norteamericano de vida, que es la libertad y búsqueda de la felicidad.

En Europa la gente no posee esos mismos ideales. En Medio Oriente, no son parte de nuestra mentalidad. Ve a Afganistán a buscar tu derecho a la vida, la libertad y la felicidad, y tu cabeza rodará por el pasillo. En el resto del mundo, somos usados para los propósitos desmedidos del gobierno. No nos gusta, pero así son las cosas. Bueno, ustedes en Norteamérica lo están experimentando por primera vez. Dicen: "¿Qué sucede? ¡Están cambiando las reglas! ¡Están pasando por arriba de los mandatos constitucionales!". Y el resto de nosotros en el mundo estamos diciendo: "¡Bienvenidos al club, yanquis!".

Y como tengo el don de animar, les diré a ustedes en Estados Unidos y a los que están en el resto del mundo: "Esto se va a poner peor". Aquí vamos. ¡*Mazel tov*! [Buena suerte].

LAS ESCRITURAS Y EL PODER DE DIOS

En la semana anterior a su crucifixión, Jesús tuvo una confrontación con los saduceos. Ellos eran una secta del judaísmo que no creía en la resurrección. Una vez que estabas en el tren, te quedabas allí. Muerte significaba muerte. Ellos se acercaron a Jesús con una pregunta que era un verdadero "te tengo". Probablemente la habían usado muchas veces a lo largo de los años y la tenían pulida a la perfección. Ahora iban a arrojar su daga teológica afilada con este predicador rústico de Nazaret, de modo que lo enviarían de regreso a la roca de la cual había salido.

> Maestro, Moisés dijo: Si alguno muriere sin hijos, su hermano se casará con su mujer, y levantará descendencia a su hermano. Hubo, pues, entre nosotros siete hermanos; el primero se casó, y murió; y no teniendo descendencia, dejó su mujer a su hermano. De la misma manera también el segundo, y el tercero, hasta el séptimo. Y después de todos murió también la mujer. En la resurrección, pues, ¿de cuál de los siete será ella mujer, ya que todos la tuvieron? (Mateo 22:24-28).

Hasta podrías oír la pedantería en su tono de voz, comenzando por lo que para ellos era sarcasmo decir: "Maestro". Nadie más había sido capaz de responder satisfactoriamente a ese acertijo. Ciertamente, este campesino no tenía ninguna oportunidad, pensaban.

La respuesta de Jesús es exquisita: "Erráis, ignorando las Escrituras y el poder de Dios" (v. 29).

Jesús les dijo a esos vanidosos maestros religiosos, de cierta manera: "¿Nunca leyeron la Biblia? Es obvio que no. Y como no conocen la palabra de Dios, no conocen a Dios". Y luego continuó demostrando su autoridad para reprenderlos, explicándoles las relaciones familiares en el cielo y probando que hay vida después de la muerte, ¡todo en cuatro oraciones! Las multitudes estaban pasmadas y los saduceos se quedaron callados.

Las deficiencias por las que Jesús reprendió a estos líderes religiosos son las mismas que están haciendo que la gente hoy pregunte si ya estamos en la tribulación. Demasiadas personas dentro y fuera de la iglesia no conocen la palabra de Dios y, por lo tanto, no conocen al mismo Dios. Esta ignorancia bíblica abre los corazones de muchos al temor, y sus oídos al sensacionalismo desenfrenado que ha permeado las ondas radiales y las redes sociales cristianas.

El engaño es descontrolado y muchos en la iglesia están presos de las mentiras, porque están desesperados por esa revelación especial o el próximo misterio oculto. Nuestra sociedad de "más grande y mejor" anhela los bocados de información que elevan a un individuo a un estatus elitista de "iluminado", mientras que el resto de los pobres tontos en la iglesia todavía están aferrándose de esas creencias antiguas y simplistas. Antes un creyente se contentaba con las palabras escritas en las páginas de su Biblia, pero ahora tiene al predicador en línea que descifra el código y le entrega "las palabras ocultas", los significados secretos, las percepciones culturales oscuras. No puedo decirte la cantidad de veces que alguien ha querido explicarme a mí, un judío de Jerusalén, los significados más profundos del hebreo registrado en el Antiguo Testamento. Yo les digo: "Uhh, ¿sabes quién soy yo y dónde vivo?".

Son esas supuestas gemas que los maestros que tuercen las Escrituras usan para hacer declaraciones como: "La Biblia dice que 'el día y la hora nadie lo sabe', pero yo he descubierto cuándo ocurrirá".

O: "Cuando Jesús dijo: 'Vendré otra vez, y os tomaré a mí mismo, para que donde yo estoy, vosotros también estéis', lo que quiso decir en realidad fue: 'Volveré para que me reciban, para que donde ustedes están, yo esté también'".

O hasta: "Cuando Pablo escribió: '¿Ha desechado Dios a su pueblo [Israel]? En ninguna manera', seguramente quiso decir: '¡Por supuesto que sí!'".

Cuando la interpretación bíblica pasa de "qué dice la Biblia" a "qué dice la Biblia *en realidad*", estamos en problemas. Por supuesto que habrá momentos en que la cultura histórica será relevante y los recursos literarios y el simbolismo entrarán en acción, pero generalmente queda muy en claro cuando esas figuras están siendo empleadas. Todo lo demás es engaño. Y la ignorancia espiritual y la falta de entendimiento resultante acerca de quién es Dios y cómo opera es lo que hace a la iglesia susceptible a la evidente manipulación de las Escrituras.

VERDADES QUE SON EL OBJETIVO DE SATANÁS

Satanás es el gran engañador, y por *gran* me refiero a que es muy bueno en su tarea. Al mirar la locura de este mundo y la ineficacia de la iglesia para abordarla, veo seis verdades bíblicas que el enemigo está socavando para generar caos.

Verdad-objetivo #1: Solo Jesús es la vida, la verdad y el camino a Dios

Jesús es el único camino al Padre, la única respuesta al problema del pecado, la única fuente de vida eterna. ¿Cómo lo sabemos?

Porque Él mismo lo testificó. "Jesús le dijo: 'Yo soy el camino, y la verdad, y la vida; nadie viene al Padre, sino por mí'" (Juan 14:6). Muchos se enfocan en la exclusividad de la primera mitad de la declaración de Jesús, pero es la segunda parte la que cierra de un portazo todo otro sistema de creencias. ¡"Nadie" significa ninguno! Ninguna persona en el planeta Tierra puede ir al Padre excepto a través de Jesús.

Algunos acusan a los cristianos de ser insensibles o antipáticos. Es intolerante, exclusivista y arrogante decir que tú estás en lo correcto y todos los demás están equivocados. Pero yo no estoy diciendo que tengo la razón; Jesús la tiene. No se trata de lo que piensa Amir; es lo que el Señor dijo. Así que no trates de convertir a Jesús en alguien con los brazos abiertos, un universalista que quiere salvar a todos no importa lo que crean porque Él es tan amoroso. No puedes creer en Jesús si no crees en lo que Él dijo. Y lo que dijo es que la salvación solo se halla en Él y en ninguna otra parte más.

No fue solo Jesús quien dijo ser el único camino. Mientras hablaba de Él, Pedro, su discípulo, les dijo a los líderes religiosos: "Y en ningún otro hay salvación; porque no hay otro nombre bajo el cielo, dado a los hombres, en que podamos ser salvos" (Hechos 4:12). El apóstol Juan, escribiéndoles a los gentiles de Roma, aseguró: "…que si confesares con tu boca que Jesús es el Señor, y creyeres en tu corazón que Dios le levantó de los muertos, serás salvo. Porque con el corazón se cree para justicia, pero con la boca se confiesa para salvación" (Romanos 10:9-10). Confesar a Jesús con la boca y creer en el corazón: ese es el único camino.

Dicho sea de paso, ¿sabías que según el islam, si estás borracho y alguien te hace repetir tres veces *"Allahu akbar"* (que significa

"Dios es el más grande"), automáticamente te conviertes en musulmán? *"Allahu akbar, Allahu akbar, Allahu akbar"* —y... ¡pum!— eso es todo lo que se precisa para hacer feliz a Alá. Si al día siguiente estás sobrio y decides que no quieres ser musulmán, pues mala suerte. Si abandonas entonces, es apostasía.

Esa clase de fórmula salvífica mecánica y desalmada es la razón por la que Pablo escribió la presentación compuesta de dos partes que encontramos en Romanos. Confiesa a Jesús con tu boca y cree con tu corazón. Eso es lo que trae la transformación. No es religión; no es ritualismo. Es fe. Y en la actualidad está siendo atacada, incluso por la misma gente que se llama cristiana. Una investigación del Pew Research Center del 2008 reveló que el 52 % de los norteamericanos que profesan ser cristianos creen que muchos otros sistemas de creencias pueden conducir a la vida eterna.[2] ¿Cómo alguien que "conoce la Escritura y el poder de Dios" sostiene ese engaño?

Este avance hacia el ecumenismo proviene directamente del enemigo, y encaja en su objetivo final de que haya una religión mundial durante la tribulación. En febrero de 2019 el papa Francisco viajó a Abu Dhabi, en los Emiratos Árabes, donde se encontró con el Gran Imán de al-Azhar, Ahmed el-Tayyeb. Firmaron un documento en conjunto que invitaba "a todas las personas que llevan en el corazón la fe en Dios y la fe en la fraternidad humana a unirse y a trabajar juntas, para que sea una guía para las nuevas generaciones hacia una cultura de respeto recíproco en la comprensión de la inmensa gracia divina que hace hermanos a todos los seres humanos".[3] Incluida en la declaración estaba el llamado "a los intelectuales, a los filósofos, a los hombres de religión, a los artistas, a los trabajadores de los medios de comunicación y a los hombres de cultura de cada parte del mundo, para que redescubran los valores de la paz, de la justicia, del bien, de la belleza, de la fraternidad humana y de la convivencia común, con vistas a confirmar la importancia de tales valores como ancla de salvación para todos y buscar difundirlos en todas partes".[4] ¿Quieres asegurarte la salvación? Solo tienes que ser una persona buena con los valores de la paz, justicia, belleza, fraternidad y coexistencia. Esta es la nueva religión, solo que todavía no tiene un nombre.

Este batiburrillo religioso no tiene sentido alguno. Es salvación según nuestros propios valores, pero la eternidad no está basada en la bondad de nuestro corazón o en las cosas lindas que hagamos. Juan, el discípulo, dejó en claro cuál era la fuente de nuestra salvación cuando escribió: "Y este es el testimonio: que Dios nos ha dado vida eterna; y esta vida está en su Hijo. El que tiene al Hijo, tiene la vida; el que no tiene al Hijo de Dios no tiene la vida" (1 Juan 5:11-12). Nuestra esperanza está edificada sobre Jesucristo y solo en Él. Un papa puede decirle al mundo: "En el Reino entran las personas que han elegido el camino de las bienaventuranzas evangélicas, viviendo como 'pobres de espíritu' por su desapego de los bienes materiales, para levantar a los últimos de la tierra del polvo de la humillación".[5] Pero la Escritura afirma que son quienes eligen el camino del evangelio de Jesucristo los que entrarán al Reino de Dios, y luego las bienaventuranzas les seguirán.

Nuevamente, Satanás es muy bueno en lo que hace. Cuando engaña, lo hace empleando las palabras que la gente quiere oír. Eso siempre ha sido así. Dios le dijo al pueblo de Judá: "Los profetas profetizaron mentira, y los sacerdotes dirigían por manos de ellos; y mi pueblo así lo quiso" (Jeremías 5:31). A la gente le encanta oír discursos que suenan religiosos, pero ellos contienen una advertencia. Oirán siempre y cuando no sean las palabras convincentes de Dios que les dice que crean en Jesús y lo hagan su Señor porque Él es quien ha llevado a cabo nuestra salvación en la cruz. No quieren oír sobre arrepentimiento o sobre pecado. No desean hablar sobre la santidad. "En vez de eso, ¿podría decirme por favor cómo puedo ser bueno, realizarme y vivir la vida en plenitud ahora?".

Esto va de la mano con el advenimiento del que no tiene ley. Él sabrá con exactitud lo que la gente de este mundo querrá. Pasará a un primer plano haciendo señales y maravillas mentirosas. Sus palabras harán cosquillas a los oídos receptivos del mundo. La gente perecerá por haber elegido la mentira en lugar de la verdad. Estarán muy contentos creyendo que Jesús es *un camino*; solamente no les digas que Él es *El Camino*.

Verdad-objetivo #2: Todos nacimos en pecado

"Amir, ¿quién crees que eres para llamarme pecador? Claro que puedo ocasionalmente cometer ofensas menores, involucrarme en algunos pecadillos, participar en algunas conductas un poco repugnantes y caer en algunas actividades algo cuestionables, pero de ahí a ser un pecador… ¡Quítate la viga de tu ojo antes de juzgarme!".

Créeme, amigo, estoy bien consciente de mis propios deslices. También estoy al tanto de que esas actividades me hacen un pecador hecho y derecho. Pero no soy yo quien te puso ese título, sino Dios.

> Si decimos que no tenemos pecado, nos engañamos a nosotros mismos, y la verdad no está en nosotros (…) Si decimos que no hemos pecado, le hacemos a él mentiroso, y su palabra no está en nosotros (1 Juan 1:8,10).

Sin embargo, llamar a alguien pecador hoy en día es rudo e hiriente. Incluso se considera discurso de odio. ¿Acaso el pecado de una persona no es simplemente una opinión según el estilo de vida de otro? Estas actitudes son todas parte del plan del enemigo para restarle significado al pecado. Una vez que el pecado sea marginado, confinado nada más a las cosas grandes como homicidio, abuso sexual o llamar a las personas con los pronombres incorrectos, entonces la humanidad ya no tendrá más un problema con el que lidiar. La cruz de Jesús será innecesaria. No habrá nada que nos separe de Dios.

Pero la Biblia deja en claro que cada uno de nosotros tiene un problema con el pecado. Pablo escribió: "Por tanto, como el pecado entró en el mundo por un hombre, y por el pecado la muerte, así la muerte pasó a todos los hombres, por cuanto todos pecaron" (Romanos 5:12). El pecado puede haber entrado al mundo por un hombre, pero todos nosotros nos subimos a ese carro. Y si tú has pecado, eres, por definición, un pecador. Cuando David fue pillado por Natán el profeta en su amorío con Betsabé, admitió: "He aquí, en maldad he sido formado, y en pecado me concibió mi madre" (Salmos 51:5). Todos nacimos en pecado, por eso necesitamos nacer de nuevo. Tenemos que nacer de arriba para poder quitarnos la mancha del pecado.

Como vimos en el pasaje de la carta de Juan, si decimos que no tenemos pecado nos estamos engañando a nosotros mismos. Ese es el engaño que Satanás desparrama por el mundo. "No te preocupes, estás bien. Te puedes deslizar de tanto en tanto, pero no eres un pecador. Nooo. Solo relájate, respira hondo y deja que tu conciencia sea tu guía".

Verdad-objetivo #3: Israel sigue siendo el pueblo elegido de Dios y no puede ser reemplazado

Muchas personas andan de iglesia en iglesia diciendo que Israel ya no es más el pueblo escogido de Dios, que Él le dio la espalda porque ellos le dieron la espalda primero. Así como cuando tu hijo encaprichado dice: "Te odio" y tú automáticamente lo odias también, ¿cierto? Error. Esa es la clase de petulancia irritante que los seguidores de la Teología del Reemplazo parecen atribuirle a Dios. Es un Padre reaccionario cuyo amor por nosotros depende nada más de nuestras acciones hacia Él.

"Espera un minuto, Amir. ¿No acabas de escribir un libro entero acerca de esto, llamado *Israel and the Church* [Israel y la iglesia]? ¿Y todavía sigues con la misma perorata?". Sí, lo hice, gracias por leerlo. Y sí, todavía sigo con la perorata porque es una doctrina crucial para entender el carácter de Dios y comprender los tiempos finales, particularmente la tribulación.

Por esta razón el enemigo ataca esta verdad con tanta diligencia. Dios no es alguien que usa y luego descarta. No eligió a Israel solo por un tiempo para luego decir: "Disculpa, encontré alguien más joven y hermoso". La brecha entre el Antiguo y Nuevo Testamento no fue la crisis de la mediana edad de Dios. Él dejó estipulado que nunca abandonaría a su pueblo elegido. A través de Jeremías dijo:

> Así ha dicho Jehová: Si pudiereis invalidar mi pacto con el día y mi pacto con la noche, de tal manera que no haya día ni noche a su tiempo, podrá también invalidarse mi pacto con mi siervo David, para que deje de tener hijo que reine sobre su trono, y mi pacto con los levitas y sacerdotes, mis ministros. Como no puede ser contado el ejército del cielo, ni la arena del mar

se puede medir, así multiplicaré la descendencia de David mi siervo, y los levitas que me sirven (Jeremías 33:20-22).

Unos versículos más adelante, Dios reitera su compromiso:

Así ha dicho Jehová: Si no permanece mi pacto con el día y la noche, si yo no he puesto las leyes del cielo y la tierra, también desecharé la descendencia de Jacob, y de David mi siervo, para no tomar de su descendencia quien sea señor sobre la posteridad de Abraham, de Isaac y de Jacob. Porque haré volver sus cautivos, y tendré de ellos misericordia (Jeremías 33:25-26).

Piénsalo. Él dice: "En tanto y en cuanto la luna, el sol y las estrellas estén en su lugar, Israel seguirá siendo mi pueblo". Por esa razón les digo a los ayatolás en Irán: "Cuando finalmente tengan sus misiles nucleares, apúntenle al sol. Porque solo cuando no haya más sol, Israel no existirá más". La única manera de decir que esas palabras de Jeremías no prometen la permanencia de Israel es alegando que ahora la iglesia es Israel, lo cual hacen los amigos de la Teoría del Reemplazo. Pero vuelve a leer esos pasajes anteriores. ¿Qué clase de gimnasia mental necesitas hacer para convertir esos pasajes extremadamente judíos en promesas a la iglesia?

Si Dios se hartó de los judíos, entonces no es necesaria una tribulación para disciplinar a su pueblo. Si no se necesita la tribulación, entonces no se precisa un rapto para quitar a la iglesia de la ira venidera de Dios, porque no habrá ira venidera. Si no hay rapto ni tribulación, ¿qué razón hay para un milenio literal? Después de todo, no habrá necesidad de restaurar la creación original de Dios bajo el reinado terrenal de Jesús desde Jerusalén. Así es como acabamos con los amilenialistas y postmilenialistas.

Desgraciadamente para los que sostienen estas creencias, encontramos pequeños pasajes problemáticos que hablan sobre el arrebatamiento en 1 Tesalonicenses, 1 Corintios y el evangelio de Juan. Está el libro de Apocalipsis, que pasa un montón de tiempo detallando los eventos y el tiempo de la tribulación. Hay muchos pasajes a lo largo de todas las Escrituras, particularmente en Isaías y Apocalipsis, que remarcan mil años de reinado de Cristo. La única forma de deshacerse de esas partes de las Escrituras es haciéndolas parecer alegorías y diciendo que en realidad no dicen lo que parecen decir. Cuando la iglesia se convence de eso, entonces el engaño del enemigo acerca de Israel está completo.

Verdad-objetivo #4: Para poder estar preparados debemos conocer los tiempos y las sazones

Una de las mayores victorias del enemigo ha sido convencer a muchos pastores y líderes cristianos de que la profecía bíblica es irrelevante para la iglesia actual. "Hay miles de temas más prácticos sobre los que predicar, tópicos que afectan a la vida real", dicen. Como resultado, la mayoría de los cristianos no tienen la menor idea de la increíble medida en que Dios ha avanzado en su plan del fin de los tiempos. Y en cuanto a lo práctico, ¿cómo es posible discernir los eventos que están teniendo lugar en nuestro mundo alocado sin examinarlos a través de los lentes bíblicos?

En julio de 2022 hubo una reunión muy importante. Era una cumbre trilateral realizada en Teherán y a la que asistió el presidente iraní Ebrahim Raisi, el presidente ruso Vladimir Putin y el presidente turco Recep Tayyip Erdogan. Otra forma de verlo es que fue una reunión para formar una alianza de un régimen terrorista radical, una nación expansionista y beligerante, y un país miembro de la OTAN, una organización creada para oponerse a esa nación expansionista y beligerante.

Qué aliados tan extraños, ¿no? Quizás algunos. Pero lo que no tiene sentido para muchos encaja a la perfección en la profecía bíblica. Ambas, Turquía e Irán, están nombradas entre los aliados de Ros (Rusia) en Ezequiel 38:

> Hijo de hombre, pon tu rostro hacia Gog, de la tierra de Magog, príncipe de Ros, Mesec y Tubal, y profetiza contra él, y di: "Así dice el Señor Dios: 'He aquí *estoy* contra ti, oh Gog, príncipe de Ros, Mesec y Tubal. Te haré dar vuelta, pondré garfios en tus quijadas y te sacaré con todo tu ejército, caballos y jinetes, todos ellos bien equipados; una gran compañía con pavés y escudo, todos ellos empuñando espada; Persia, Etiopía y Fut con ellos, todos con escudo y yelmo; Gomer con todas sus tropas, Bet-togarmá, de las partes remotas del norte, con todas sus tropas; muchos pueblos están contigo'" (vv. 2-6, LBLA).

Persia es Irán, y Gomer y la casa de Bet-togarmá son Turquía. Pronto ellos intentarán juntos invadir a Israel, solo para ser destruidos por Dios.

> Por tanto, profetiza, hijo de hombre, y di a Gog: "Así dice el Señor Dios: 'En aquel día cuando mi pueblo Israel habite seguro, ¿no lo sabrás tú? Vendrás de tu lugar de las partes remotas del norte, tú y mucha gente contigo, todos montados a caballo, una gran multitud y un poderoso ejército; y subirás contra mi pueblo Israel como una nube para cubrir la tierra. Sucederá en los postreros días que te traeré contra mi tierra, para que las naciones me conozcan cuando yo sea santificado por medio

de ti ante sus ojos, oh Gog (…) Y en todos mis montes llamaré contra él la espada' —declara el Señor Dios. 'La espada de cada cual se volverá contra su hermano. Con pestilencia y con sangre haré juicio contra él; haré caer una lluvia torrencial, de piedras de granizo, fuego y azufre sobre él, sobre sus tropas, y sobre los muchos pueblos que están con él. Y mostraré mi grandeza y santidad, y me daré a conocer a los ojos de muchas naciones; y sabrán que yo soy el Señor'" (vv. 14-16, 21-23, LBLA).

Estos tres líderes mundiales probablemente no tengan idea de la parte que sus naciones jugarán en el plan de Dios. Pero Ezequiel aclara que vendrá un día en que el pueblo de Israel estará de nuevo en su tierra y prosperará. Es en ese tiempo que esta alianza malvada atacará. Todo lo que debemos hacer es mirar lo rico y poderoso que se ha vuelto Israel para saber que la temporada está madura para estos eventos.

También es el tiempo y la sazón para el comienzo de un gobierno mundial unificado. Para que un gobierno global reemplace a los gobiernos nacionales, ellos deben decepcionar a su ciudadanía. Esta mañana, mientras escribo estas líneas, hace menos de una hora atrás, la Corte Suprema de los Estados Unidos revirtió la decisión del aborto en el caso *Roe vs. Wade*. Los liberales de la nación prometen serias repercusiones en los próximos meses.

Agrégale a eso inestabilidad política, conflictos internacionales, inflación desenfrenada, sequías y otros desastres naturales en el planeta. Mientras algunos ven el mundo a la deriva en un mar de caos, los cristianos que conocen las Escrituras y el poder de Dios reconocen el principio de dolores prometido por Jesús cuando les hablaba a sus discípulos en el Monte de los Olivos. Él dijo:

Y oiréis de guerras y rumores de guerras; mirad que no os turbéis, porque es necesario que todo esto acontezca; pero aún no
es el fin. Porque se levantará nación contra nación, y reino contra reino; y habrá pestes, y hambres, y terremotos en diferentes
lugares. Y todo esto será principio de dolores (Mateo 24:6-8).

Nosotros los cristianos no deberíamos sorprendernos de lo
que vemos. No solo sabemos que estos tiempos difíciles vienen
en camino, sino que sabemos que deben venir. ¿Por qué? Porque Dios ya lo ha visto suceder. Él está por encima del tiempo;
por eso dijo: "…Yo soy Dios, y no hay otro Dios, y nada hay
semejante a mí, que anuncio lo por venir desde el principio, y
desde la antigüedad lo que aún no era hecho" (Isaías 46:9-10).
Él sabe lo que va a suceder. No está mirando a Europa del este
y preguntándose: "¿Ganará Rusia o Ucrania?". Sabe lo que va a
suceder, y todo lo que pase será según su voluntad.

Esta es la razón por la que un libro escrito hace dos mil años
puede darnos una revelación de lo que está sucediendo hoy. La
Biblia no está desactualizada porque es un mensaje eterno de
parte de un Dios eterno. Cuando Israel celebró su sexagésimo
aniversario en 2008 visité el Museo de Israel, donde se exhibe
un rollo original de Isaías de hace dos mil doscientos o dos mil
trescientos años atrás. Yo tenía mi Biblia hebrea abierta mientras leía las palabras de ese rollo. ¿Sabes qué? ¡Coincidían! La
Biblia no ha cambiado ni cambiará. Si estás buscando encontrar
el sentido del mundo que te rodea —entender los tiempos y las
sazones— no vayas ni a Facebook ni a YouTube. El Dr. Google
no tiene una maestría tan avanzada. El único lugar donde encontrarás la verdad el cien por ciento del tiempo es en la palabra
de Dios.

Verdad-objetivo #5: Cuando Jesús regrese, tendremos que ser hallados en los negocios del Padre

Durante el servicio militar, ocasionalmente recibíamos inspecciones en la barraca. Por lo general no se anunciaban previamente. ¿Por qué? Porque nuestros superiores sabían que, de darnos aviso de una inspección cada jueves a las 10:00 a.m., entonces entre el viernes y el miércoles las barracas serían un desorden total. Nos pondríamos a limpiar y ordenar con frenesí el mismo jueves a las 9:00 a.m. En cambio, en su gran sabiduría, dejaban que el horario de la inspección quedara en suspenso, para que siempre tuviéramos todo a la perfección y listo para el escrutinio. De esta clase de preparación habló Jesús cuando dijo:

> Estén ceñidos vuestros lomos, y vuestras lámparas encendidas; y vosotros sed semejantes a hombres que aguardan a que su señor regrese de las bodas, para que cuando llegue y llame, le abran en seguida. Bienaventurados aquellos siervos a los cuales su señor, cuando venga, halle velando; de cierto os digo que se ceñirá, y hará que se sienten a la mesa, y vendrá a servirles (Lucas 12:35-37).

Desafortunadamente, si Jesús quisiera regresar hoy mismo, no encontraría a su iglesia lista. La hallaría distraída. En vez de enseñar la palabra de Dios, muchos pastores están predicando sensacionalismo. Están muy difundidos los sermones temáticos que son como "ciberanzuelos", particularmente en lo que respecta al COVID-19. "La vacuna es la marca de la bestia", anuncian, causando pánico y división entre las congregaciones. "Si te la aplicas, te irás al infierno". Créeme, hay mucho para criticarle a las vacunas, pero no es la marca de la bestia. ¿La iglesia estará por aquí para recibir la marca de la bestia? En absoluto.

Incluso leí sobre algunos pastores que decían que el coronavirus estaba ligado al primer jinete del apocalipsis.

> Vi cuando el Cordero abrió uno de los sellos, y oí a uno de los cuatro seres vivientes decir como con voz de trueno: "Ven y mira". Y miré, y he aquí un caballo blanco; y el que lo montaba tenía un arco; y le fue dada una corona, y salió venciendo, y para vencer (Apocalipsis 6:1-2).

Lo viste allí, ¿verdad? Justo enfrente de tus narices. El jinete tiene una corona; la palabra *corona* significa "corona". ¡Bum! Prueba irrefutable en el texto. La misma lógica también me llevó a descubrir que como Corona es el nombre de una cerveza, la montura del jinete probablemente tenía un portabotellas. Debe haber alguna verdad teológica profunda en este dato también...

Esta clase de enseñanza irresponsable y antibíblica está generando mucho temor y división en la iglesia. El amor y la compasión de Jesús de unos a otros ha sido reemplazado en muchos círculos por ataques violentos acerca de mandatos y vacunas. Se me partió el corazón al leer este titular en el *New York Post*: "Pastor amenaza con echar de la iglesia a los que usen mascarilla".[6] ¿Te imaginas a Jesús parándose al frente de la sinagoga y diciendo: "Usted, el de la kipá, ¿cree que eso lo salvará? ¡Márchese de aquí! Y ustedes, los de las filacterias, ¡lárguense!". ¿En qué estamos convirtiendo las iglesias?

Satanás está logrando victoria tras victoria a medida que las iglesias se dividen más que nunca antes. Lo triste es que con frecuencia las personas pelean por temas que no atañen a la salvación. Jesús dejó un mandato para los discípulos cuando dijo: "Un mandamiento nuevo os doy: Que os améis unos a otros; como yo os he amado, que también os améis unos a otros. En esto conocerán todos que sois mis discípulos, si tuviereis amor los unos con los otros" (Juan 13:34-35). Jesús tenía mucho con lo que estar en desacuerdo cuando se trataba de las actitudes y acciones de sus discípulos. Con todo, los amó sacrificialmente y les dijo que debían tener la misma clase de amor unos por otros.

En la iglesia somos los "otros" de los unos. Quizás no siempre estemos de acuerdo cuando se trata de ciertos temas, ya sean doctrinales, políticos o sociales. Sin embargo, estamos de acuerdo en el evangelio, y todos estamos luchando para ser guiados por el Espíritu Santo en justicia y santidad. Eso debería unirnos, ¡y debe unirnos ahora mismo! No podemos esperar a diez minutos antes de la inspección para limpiar nuestras acciones. Debemos estar en los negocios del Padre hoy y cada día hasta que nuestro Salvador regrese para llevarnos con Él.

Verdad-objetivo #6: Los creyentes serán arrebatados antes de la tribulación

Muchos pastores han creído el engaño de que no habrá rapto para la iglesia, y enseñan esa creencia a sus congregaciones. Con toda seguridad toman su Biblia y anuncian: "La palabra *rapto* ni siquiera se encuentra en este libro". Y en cierto punto tienen razón. Pero tampoco figura la palabra *reemplazo*, dicho sea de paso.

Tengo noticias para los detractores: *rapto* está en la Biblia. Solo que no en tu Biblia en inglés o español. El Nuevo Testamento fue escrito en griego y uno de los términos usados fue *harpazo*, que típicamente encontrarás traducido como "capturado" o "atrapado". Cuando el Nuevo Testamento griego se tradujo al latín, esta palabra mutó a *rapturo*, de donde obtenemos nuestra palabra *rapto*. Entonces cuando la gente dice "Pablo no creía en el rapto, ni tampoco Jesús", mi respuesta es la misma que Jesús les dio a los saduceos: "Obviamente no conocen las Escrituras ni el poder de Dios". Entraremos en más detalle en un capítulo posterior.

Esta falta de fe en el arrebatamiento es mala porque se roba una de las grandes esperanzas que se encuentran en la Biblia. La fuerza de este engaño es tan grande que algunos parecen tener la esperanza de que no habrá un rapto, como si evitar los horrores de la tribulación fuera algo terrible. Hace unos años atrás un bloguero escribió una publicación llamada "Nueve razones por las que podemos estar seguros de que no habrá rapto antes de la tribulación".[7] Era, en esencia, un resumen de un artículo de un teólogo muy conocido y respetado[8] sobre por qué podemos descansar en que llegaremos a disfrutar en carne propia de la ira de Dios sobre su creación. ¡Uf, eso sí que es un alivio! ¡De veras quiero ver cómo luce una piedra de granizo de cien libras!

Pero nosotros no estamos destinados a recibir la ira de Dios. Si tú quieres atravesar la tribulación, hazlo. Solo recuerda estirar tu cuello, así los que te ejecuten podrán hacer un corte limpio. Y no es que yo esté desesperado por inventar una razón por la que no tengo que soportar esos años trágicos. Mi esperanza no viene de concebir alguna interpretación excéntrica o de descubrir significados ocultos en el texto bíblico. Mi esperanza viene de las palabras del apóstol Pablo. Él escribió con mucha claridad: "…pues Dios no nos destinó a sufrir el castigo, sino a recibir la salvación por medio de nuestro Señor Jesucristo. Él murió por nosotros para que, en la vida o en la muerte, vivamos junto con él. Por eso, anímense y edifíquense unos a otros, tal como lo vienen haciendo" (1 Tesalonicenses 5:9-12, NVI). No hay castigo para la iglesia del Señor. Es tan reconfortante como una frazada de lana de oveja en una noche gélida de invierno.

UN ENGAÑO MUY DIFUNDIDO

La verdad está en riesgo. Satanás ya ha conseguido una tremenda victoria en el mundo a través de sus mentiras. Tristemente también encontró un punto de apoyo en la iglesia, y continúa fortaleciéndolo. ¿Sus engaños terminarán alguna vez? Afortunadamente, sí. Juan escribió:

> Vi a un ángel que descendía del cielo, con la llave del abismo, y una gran cadena en la mano. Y prendió al dragón, la serpiente antigua, que es el diablo y Satanás, y lo ató por mil años; y lo arrojó al abismo, y lo encerró, y puso su sello sobre él, para que no engañase más a las naciones, hasta que fuesen cumplidos mil años; y después de esto debe ser desatado por un poco de tiempo (Apocalipsis 20:1-3).

Llegará un tiempo en que el diablo será silenciado para no poder volver a engañar. Sus mentiras, sin embargo, están tan inculcadas en este mundo caído que no necesita estar presente para esparcir sus influencias. Incluso durante el período idealista del reinado de Cristo en la Tierra, cuando Satanás sea tomado cautivo, la carne corrompida continuará corrompiendo almas. Cuando Satanás sea liberado finalmente, encontrará un pueblo preparado y dispuesto a seguirlo. Si el engaño seguirá siendo tan fuerte cuando él esté atado, imagínate lo que será una vez que tenga rienda suelta.

Antes de llegar a ese período de mil años en el que Satanás esté atado en el abismo, el mundo deberá pasar un período de siete años de la ira de Dios. No, la tribulación no ha comenzado, pero por todas las evidencias que hay, está cerca. ¿Cómo lo sabemos? ¿Cómo se verá cuando esté aquí? Ambas son buenas preguntas. Pero antes de determinar el *qué* de la tribulación, tenemos que examinar el *por qué*. De eso se trata el próximo capítulo.

2

LA ANGUSTIA DE JACOB

Estás sentado junto a tu cónyuge al rayo del sol esperando que la ceremonia dé comienzo. Al frente, el *jupá* está bellamente adornado con grandes buqués de flores blancas y amarillas y un follaje colgante. Por encima hay una tela de seda que forma un delicado dosel para la boda.

Cuando recibieron la invitación de Yonatan y Anat, hubo un instante de duda. Habían pasado algunos años desde la última vez que los habían visto, pero luego de algunas idas y vueltas en la discusión, que había comenzado con "¿Realmente queremos ir?", los dos acordaron en un "Bueno, deberíamos ir".

Es el gran día. Todas las sillas están ocupadas; tú miras tu reloj. Han pasado cinco minutos de la hora señalada, pero antes de comenzar a refunfuñar recuerdas tu propia boda, cuando hiciste esperar a tus invitados quince minutos por algunos detalles de último momento con el vestuario. Es un tiempo de celebración y, junto con la celebración, debería venir la gracia.

La música cambia y comienza la procesión. El rabino lidera el séquito nupcial, seguido por los padrinos de la boda. Sin embargo, cuando los padres de Yonatan pasan al costado de tu asiento, no ves a Yonatan. Eso ciertamente es extraño. Ahora las madrinas de la boda avanzan por el pasillo, seguidas por un niño pequeño y una niña un poquito más grande. Él lleva un cojincillo y ella va regando el pasillo con pétalos de flores.

Finalmente, llega el momento en que la novia debe entrar. Te das vuelta y miras hacia el fondo, solo para encontrarte con la imagen más inesperada: los padres de Anat están caminando por el pasillo solos.

No hay novio. No hay novia. ¿Qué rayos está pasando? Confundido, te vuelves a la persona que está sentada junto a ti.

—¿Sabes qué está ocurriendo? ¿Dónde están Yonatan y Anat? —le preguntas.

—Oh, ellos terminaron hace unos meses. Pero las bodas son ocasiones tan maravillosas que el resto de la familia decidió realizarla de todos modos.

Una boda sin novio ni novia. ¿Eso tiene algún sentido? Puedes decir que es una reunión al aire libre con decoración y todo lo demás; puedes llamarlo un servicio de degustación de tortas, pero no puedes llamarlo boda. El propósito entero de una boda es la unión de un hombre y una mujer en matrimonio. Si no hay hombre ni mujer, no hay matrimonio ni boda.

Cuando se trata de la tribulación, hay una fiesta indispensable. Sin este grupo no hay tribulación. Todo el horrible período previo es para su beneficio, y sí, usé la palabra *beneficio* intencionalmente. ¿Quién es este participante necesario? En este caso, contrario a la creencia de muchos, no es una novia. En cambio, podemos encontrar la fiesta esencial para la tribulación en el nombre que Jeremías le da a este período de prueba y de ira:

¡Ah, cuán grande es aquel día!, tanto, que no hay otro semejante a él; tiempo de angustia para Jacob; pero de ella será librado (Jeremías 30:7).

El profeta llamó a la tribulación de siete años "la angustia de Jacob". ¿Y quién es este Jacob que tiene un blanco tan grande sobre su espalda? Para encontrar la respuesta tenemos que retroceder hasta los patriarcas. Jacob, nieto de Abraham, luchó físicamente por una noche con Dios en forma humana. Dios lo derribó al suelo con un desplazamiento de cadera, y luego le dijo:

"¿Cuál *es* tu nombre?" Y él respondió: "Jacob". Y el varón le dijo: "No se dirá más tu nombre Jacob, sino Israel; porque has luchado con Dios y con los hombres, y has vencido" (Génesis 32:27-28).

Jacob es Israel. La angustia de Jacob es la angustia de Israel. Es por causa de Israel que se diseñó la tribulación. Vendrá la ira sobre el mundo incrédulo, por su rechazo a Dios y su regalo de salvación. Pero Jeremías no llama a este terrible tiempo "angustia global" o "angustia mundial", o ni siquiera "la angustia de los incrédulos". Este período está dirigido hacia Jacob con el propósito de traer al pueblo judío al punto en que estén listos para aceptar al Mesías al que han rechazado. Será al final de la angustia que, como escribió Pablo, "todo Israel será salvo" (Romanos 11:26).

Para que entendamos la tribulación primero debemos entender a Israel. Lo que Dios ha hecho con la nación en el pasado, lo que está haciendo ahora y lo que hará con su pueblo escogido en el futuro. Luego, para tener una imagen bien completa, también tenemos que investigar cómo el enemigo está atacando a Israel, cómo el mundo se lleva con Israel y cómo la iglesia debe tratar a la nación y a su gente.

DIOS E ISRAEL

Israel es una creación intencional de Dios. No es un grupo de personas que de casualidad se establecieron en la misma zona geográfica, se juntaron, formaron una mini civilización y decidieron llamarse Israel. Dios eligió a un hombre, luego le hizo una promesa de que de su cuerpo saldría una poderosa nación.

> Pero Jehová había dicho a Abraham: "Vete de tu tierra y de tu parentela, y de la casa de tu padre, a la tierra que te mostraré. Y haré de ti una nación grande, y te bendeciré, y engrandeceré tu nombre, y serás bendición. Bendeciré a los que te bendijeren, y a los que te maldijeren maldeciré; y serán benditas en ti todas las familias de la tierra" (Génesis 12:1-3).

Observa que había un propósito en la creación de esta nación. Israel no fue formada solo para que esta gente pudiera alcanzar alguna clase de superioridad espiritual. La nación de Israel fue diseñada para ser una bendición para el mundo entero. ¿A los judíos se les dio una clase de relación especial con Dios? Seguro. Pero con un gran privilegio viene una gran responsabilidad. Ellos debían reflejar la gloria de Dios al resto del mundo. Israel debía ser el embajador de Dios en esta Tierra. Desafortunadamente, a través de los milenios, los judíos hemos sido muy buenos para expresar nuestro gran privilegio, pero no tan buenos en cumplir nuestra gran responsabilidad.

Aunque Israel no ha cumplido con su parte del pacto con Dios, Él ha sostenido a la perfección su parte del trato. Su promesa a Abraham no venía con fecha de vencimiento. No había términos. Todas las partes activas del acuerdo comenzaban con "Yo haré" y fueron dichas por Dios. Es por su promesa amorosa y perpetua que el tiempo de la angustia de Jacob viene. El Señor no busca destruir a los judíos, sino traerlos de regreso a la relación original que tuvo con los patriarcas. A través del profeta Oseas, Dios dijo esto sobre su plan futuro de restauración: "Andaré y volveré a mi lugar, hasta que reconozcan su pecado y busquen mi rostro. En su angustia me buscarán" (Oseas 5:15).

A menudo se precisa de una gran aflicción para volvernos a Dios. Supongo que esto habla de la obstinación de los judíos que requiere de una aflicción del nivel de la tribulación para hacernos buscar al Señor con sinceridad. Qué increíble que cuando mi pueblo venga buscando a Dios, Él esté allí esperándolo con los brazos abiertos. Lo mismo es cierto para todos nosotros, judíos y gentiles por igual, cuando volvemos a Él.

No solo que Israel es una creación intencional, sino que también es milagrosa. Desde el comienzo Dios se aseguró de que fuera evidente a todos que este grupo de gente existía por causa de Él y de nadie más. Si Abraham y Sara hubieran sido dos jóvenes adultos en sus veinte años, el nacimiento de Isaac no habría sido nada especial. En cambio, Dios eligió un camino que obligaría a todos a reconocer que su mano lo había hecho posible. El plan era tan inusual e inesperado que Abraham no pudo quedarse serio cuando lo oyó. "Entonces Abraham se postró sobre su rostro, y se rio, y dijo en su corazón: '¿A hombre de cien años ha de nacer hijo? ¿Y Sara, ya de noventa años, ha de concebir?'" (Génesis 17:17). Y eso fue exactamente lo que ocurrió. Solo Dios, mediante un acto de su voluntad, pudo haber lanzado la nación judía a través de dos personas cuyas edades combinadas sumaban casi un bicentenario. Y una y otra vez a lo largo de las eras, ha mantenido milagrosamente a la nación de Israel con vida.

Pocas veces la mano de Dios ha sido tan evidente en la nación de Israel como en la actualidad. Antes de que los judíos regresaran, la región era poco más que un desierto. Pero hace mucho tiempo Dios había hablado a través del profeta Ezequiel: "Mas vosotros, oh montes de Israel, daréis vuestras ramas, y llevaréis vuestro fruto para mi pueblo Israel; porque cerca están para venir" (Ezequiel 36:8). En los muchos vuelos que he tomado hay una cosa que es consistente. Al acercarnos a nuestro destino, el piloto dice por los altoparlantes: "Nos estamos aproximando al aterrizaje; por favor abróchense los cinturones de seguridad". En Ezequiel, Dios dijo: "En preparación para el regreso de mi pueblo, la tierra florecerá y será fructífera".

Eso es exactamente lo que sucedió en los años que condujeron a que Israel fuera de nuevo un país en 1948. Y eso continúa sucediendo hoy. Si alguna vez has estado en Israel, sabes que hay abundancia. Solo tomar el desayuno —las frutas y verduras— es increíble. Yo he viajado por todo el mundo (probablemente estuve en tu país) y siento decir que ustedes se están perdiendo algo.

Una vez que la tierra estuvo preparada para recibir a sus primeros habitantes, Dios milagrosamente trajo de regreso al pueblo, tal como lo había prometido:

> Y santificaré mi grande nombre, profanado entre las naciones, el cual profanasteis vosotros en medio de ellas; y sabrán las naciones que yo soy Jehová, dice Jehová el Señor, cuando sea santificado en vosotros delante de sus ojos. Y yo os tomaré de las

naciones, y os recogeré de todas las tierras, y os traeré a vuestro país (Ezequiel 36:23-24).

¿A la tierra de quién iban a regresar? ¿A la de los palestinos? ¿A la de los árabes? No, Dios dijo que regresarían "a su país". Y una vez que Dios inició el flujo de gente, nadie pudo pararlo. Mi madre nació en un campo de detención en la isla de Chipre. A sus padres, sobrevivientes del Holocausto, los británicos les habían negado la entrada a Israel. Ellos estaban en control de la tierra en ese momento. Pero adivina qué: los británicos se fueron y nosotros llegamos.

El Estado de Israel existe por la mano del Dios todopoderoso. "Y pondré mi Espíritu en vosotros, y viviréis, y os haré reposar sobre vuestra tierra; y sabréis que yo Jehová hablé, y lo hice, dice Jehová" (Ezequiel 37:14). Nunca pediré disculpas por vivir en la tierra de Israel. No estamos aquí porque hayamos trabajado duro o pagado por ella. Estamos aquí porque es donde Dios nos puso. Traer a Israel de regreso a su tierra es su manera de decirle al mundo: "Hey, miren, soy Yo. Estoy haciendo algo asombroso aquí. ¡Prepárense para lo que sigue!".

Pero no creas que solo porque Dios nos hizo regresar a la tierra será todo *babka* y *baklava* [postres típicos de la región]. Israel está a punto de atravesar el período más difícil de su historia. Lo que hemos experimentado será nada en comparación con lo que vendrá:

> En aquel tiempo se levantará Miguel, el gran príncipe que está de parte de los hijos de tu pueblo; y será tiempo de angustia, cual nunca fue desde que hubo gente hasta entonces; pero en aquel tiempo será libertado tu pueblo, todos los que se hallen escritos en el libro (Daniel 12:1).

Esas palabras dan escalofríos al que tan solo entiende una fracción de lo que sucedió en el Holocausto. Nada del pasado, incluyendo la Europa de los años 1930 y 1940, podrá compararse con la severidad de lo que se avecina. No obstante, del mismo modo en que leímos anteriormente que "de ella [la angustia de Jacob] será librado" (Jeremías 30:7), aquí en Daniel vemos que "en aquel tiempo será libertado tu pueblo". ¿Significa eso que Dios va a extender su salvación a todo Israel? De ninguna manera; la liberación vendrá solo para aquellos "que están escritos en el libro". ¿Qué libro? El libro de la vida del Cordero. Y hay solo una manera de que tu nombre esté escrito allí: "Porque de tal manera amó Dios al mundo, que ha dado a su Hijo unigénito, para que todo aquel que en él cree, no se pierda, mas tenga vida eterna" (Juan 3:16).

Es a través de la fe en Yeshua el Mesías, Jesucristo, que recibimos salvación y nuestros nombres son escritos en el libro de la vida del Cordero. Si tu nombre está allí, tienes vida eterna. Si no, no la tienes. Es una proposición blanco o negro sin lugar en absoluto para grises. Así que, cuando toda Israel sea salva, será porque el pueblo clamará al nombre del verdadero Mesías, Jesús el Cristo. Pero como este avivamiento tendrá lugar al final de la tribulación, no todos los judíos que estén vivos al comienzo de los siete años hallarán salvación. Dios dijo a través de Zacarías:

> Y acontecerá en toda la tierra, dice Jehová, que las dos terceras partes serán cortadas en ella, y se perderán; mas la tercera quedará en ella. Y meteré en el fuego a la tercera parte, y los fundiré como se funde la plata, y los probaré como se prueba el oro. Él invocará mi nombre, y yo le oiré, y diré: "Pueblo mío"; y él dirá: "Jehová es mi Dios" (Zacarías 13:8-9).

La población actual de Israel supera los nueve millones de personas. Eso significa que seis millones de judíos no verán el final de la tribulación. Hoy en día, al mirar mi país, veo una nación que en gran medida le ha dado la espalda a Dios. Es muy religiosa, pero está llena de gente que honra a Dios de labios, mientras su corazón está lejos de Él. No tengo dudas de que cuando venga el Anticristo, la gente de Tel Aviv y muchas otras ciudades israelíes le darán la bienvenida. Muchos elegirán recibir alegremente la marca de la bestia. Eso es porque, como escribió Pablo: "…ha acontecido a Israel endurecimiento en parte…" (Romanos 11:25). La tribulación preparará sus ojos para ser abiertos, para que cuando Jesús regrese miren al que traspasaron y lamenten como una señal de arrepentimiento. Es este arrepentimiento lo que conduce al perdón y trae salvación.

EL ENEMIGO E ISRAEL

¿Alguna vez encendiste el televisor, pasaste los canales, y te preguntaste: "¿Cómo la gente puede mirar esto? Yo realmente estoy fuera de onda con el mundo". Si eres creyente, entonces, sí, realmente estás fuera de onda con el mundo. O al menos deberías estarlo. Eso es porque el mundo sigue a su amo, el diablo, y los creyentes deben seguir al suyo, Dios. Y desde la caída de la humanidad, todo lo que Dios aborrece el diablo lo ama, y todo lo que Dios ama el diablo lo aborrece. En ninguna otra parte esto es más evidente que en el odio hacia el pueblo escogido de Dios.

A lo largo de la historia de Israel el diablo ha tratado de eliminar a la nación. En el antiguo Egipto, cuando la población hebrea estaba aumentando en número, el faraón se puso nervioso y tomó una acción determinante. Les dijo a las parteras: "Cuando asistáis a las hebreas en sus partos, y veáis el sexo, si es hijo, matadlo; y si es hija, entonces viva" (Éxodo 1:16). Ellas le alzaron el pulgar en señal de "claro que sí", pero ignoraron la orden. Aquel fue el primer intento de genocidio al pueblo judío.

Adelantamos un poco hasta llegar al exilio persa. Un funcionario del rey Asuero, llamado Amán, se enojó bastante cuando un hombre de nombre Mardoqueo se negó a darle el respeto que él pensaba merecer. Cuando escuchó que ese Mardoqueo era judío, decidió buscar revancha no solo sobre él sino sobre todo su pueblo.

> Y vio Amán que Mardoqueo ni se arrodillaba ni se humillaba delante de él; y se llenó de ira. Pero tuvo en poco poner mano en Mardoqueo solamente, pues ya le habían declarado cuál era el pueblo de Mardoqueo; y procuró Amán destruir a todos los judíos que había en el reino de Asuero, al pueblo de Mardoqueo (Ester 3:5-6).

Como siempre, Dios cuidaba a su pueblo y ya había preparado su salvación. La reina Ester arriesgó su vida al hacerle conocer el malvado plan al rey. Este intervino, los judíos se salvaron y Amán se convirtió en la representación de alguien a quien le salió el tiro por la culata.

Si hay una cualidad que podemos atribuirle a Satanás es la tenacidad. Acumula fracaso tras fracaso cuando se trata de eliminar a los judíos, pero aun así no se da por vencido. Las masacres y matanzas han escalado a lo largo de los siglos tratando de llevar a cabo un genocidio localizado. Tanto Hitler como Stalin intentaron aniquilar al pueblo judío; Hitler con gas y Stalin con balas. Los dos están muertos ahora y los judíos siguen aquí, no porque sean fuertes y poderosos, sino porque Alguien que es fuerte y poderoso los cuida. "Porque así ha dicho Jehová de los ejércitos: Tras la gloria me enviará él a las naciones que os despojaron; porque el que os toca, toca a la niña de su ojo" (Zacarías 2:8).

Pasé un tiempo en las Montañas Rocallosas en Colorado. Cuando hice senderismo me advirtieron que si veía un oso bebé no me acercara, sin importar lo hermoso que me pareciera. De hecho, lo mejor es salir de allí tan rápido como te den los pies, porque donde hay un oso bebé hay una madre osa en las inmediaciones. Si mamá osa cree que tienes algún interés en el osito, será el fin de tu vida.

Naciones e imperios han atacado al pueblo de Dios, y Él ha actuado como toda una madre osa abalanzándose sobre ellos. Egipto fue diezmado por el imperio babilónico y nunca más se recuperó. El imperio asirio desapareció. El imperio babilónico se esfumó. El imperio romano se hizo humo. El Tercer Reich y la Unión Soviética ya no existen.

Pero ahora el diablo, en su plan, ha adoptado una nueva táctica: si no puede atacar a Israel desde afuera, lo hace desde adentro. Tal como están las cosas, nadie puede acusar a Israel de ser una nación santa. Una vuelta por Tel Aviv en el Mes del Orgullo te dirá que dejamos morir la ley mosaica y que esta yace enterrada lejos en nuestra historia. Y se está poniendo peor. En marzo de 2021 Israel votó de tal manera que habilitó a un progresista, liberal y postsionista "gobierno del cambio". Ese gobierno aguantó solo un año —uno demoledoramente malo— antes de colapsar.

En el momento de la caída del primer ministro israelí, muchos celebraron. Yo no. Sabía que cuando el enemigo ataca no va tras el gobierno: va por las personas. No era el gobierno israelí lo que había cambiado, sino los propios israelíes. La parte zurda del país lo sigue siendo, pero la derecha ha hecho un cambio significativo en dirección hacia lo liberal. El enemigo ha penetrado la fortaleza conservadora. Incluso los judíos ortodoxos del Knéset estaban dispuestos a unirse con la Fraternidad Musulmana y los partidos pro-LGBT, solo para echar a Benjamin Netanyahu del cargo de primer ministro. Y a pesar de que Netanyahu fue reelegido, el gobierno anterior todavía actúa como un líder, indicando la dirección en la que la cultura israelí se está moviendo. Ya no hay más estándares morales. No hay principios. Los judíos están en una clara senda hacia el liberalismo progresista que alcanzará su pico con la aceptación del Anticristo. Una vez que eso suceda, Satanás creerá que finalmente los tiene donde los quería: listos para la eliminación definitiva.

Pero una señal celestial en el libro de Apocalipsis nos cuenta que, una vez más, no saldrá tal como el diablo lo ha planeado:

> También apareció otra señal en el cielo: he aquí un gran dragón escarlata, que tenía siete cabezas y diez cuernos, y en sus cabezas siete diademas; y su cola arrastraba la tercera parte de las estrellas del cielo, y las arrojó sobre la tierra. Y el dragón se paró frente a la mujer que estaba para dar a luz, a fin de devorar a su hijo tan pronto como naciese. Y ella dio a luz un hijo varón, que regirá con vara de hierro a todas las naciones; y su hijo fue arrebatado para Dios y para su trono. Y la mujer huyó al desierto, donde tiene lugar preparado por Dios, para que allí la sustenten por mil doscientos sesenta días (Apocalipsis 12:3-6).

La mujer es Israel, el niño es Jesús y el dragón es el diablo. Cuando Jesús nació, Satanás intentó matarlo ahí mismo, haciendo que el rey Herodes diera la trágica orden de "matar a todos los niños menores de dos años que había en Belén y en todos sus alrededores" (Mateo 2:16). Jesús sobrevivió, llevó a cabo su obra y, cuando había acabado con su ministerio terrenal, fue llevado arriba con su Padre. Esa es la razón por la que Esteban, justo antes de ser apedreado, pudo decir: "He aquí, veo los cielos abiertos, y al Hijo del Hombre que está a la diestra de Dios" (Hechos 7:56).

La línea de tiempo de Apocalipsis 12 se dispara entonces hacia el futuro. Para escapar de los horrores del Anticristo la mujer, que es Israel, huirá al desierto. A pesar de que este será el tiempo de la angustia de Jacob, Dios aún tiene compasión de su pueblo escogido. Él preparará un lugar para que ellos se oculten por 1260 días, o tres años y medio. Incluso en el futuro, cuando el diablo trate de borrar a Israel del mapa, Dios dirá: "Satanás, puedes llegar hasta acá pero no puedes avanzar más". Al enemigo no le queda otra que obedecer. Por más que lo intente, nunca podrá destruir lo que Dios ama.

EL MUNDO E ISRAEL

La gente se fascina con lo distinto. Vas a una galería de arte y uno de los escaparates tiene diez pelotas alineadas, nueve blancas y una azul. ¿A dónde se te va la vista? A la azul, por supuesto. ¿A quién le importan las blancas? Son la norma. Pero ¿qué tiene de especial la azul? ¿Por qué está allí? ¿Hay algo más que la haga diferente además del color? (Y, hablando en serio, ¿cómo pueden llamar a eso arte?).

El mundo siempre tuvo una fascinación con los judíos. ¿Por qué? Porque somos distintos. Somos la bola azul en la línea de las naciones-bolas blancas. Desde el principio nuestras creencias han sido diferentes. Encima de todo, nos enorgullecemos de ser diferentes. Y no solo diferentes, sino separados.

Cuando el rey Balac contrató al profeta Balaam para pronunciar una maldición sobre Israel, se le volvió en contra, y en vez de eso lo bendijo en numerosas ocasiones. En su primera bendición dijo:

> ¿Pero cómo podré echar maldiciones / sobre quien Dios no ha maldecido? / ¿Cómo podré desearle el mal / a quien el Señor no se lo desea? / Desde la cima de las peñas lo veo; / desde las colinas lo contemplo: / es un pueblo que vive apartado, / que no se cuenta entre las naciones. (Números 23:8-9, NVI)

Lo que era cierto entonces ha sido cierto a lo largo de la historia judía. Somos un pueblo que vive apartado. Sin embargo, ahora, como el mundo lo vio con este "gobierno del cambio", los judíos estamos desesperados por ser "contados entre las naciones". Olvidamos nuestra historia, olvidamos nuestras tradiciones, olvidamos nuestro llamado. No queremos habitar más solos. ¡Ahora queremos ser parte de la pandilla!

¿Y cómo está respondiendo el mundo? Ahora que nos hemos coloreado de tal modo que nos vemos igual que las otras pelotas en la vidriera, el mundo está empezando a abrir sus brazos hacia nosotros. Nuestra lista de amigos se está expandiendo a Asia, África, Europa, Sudamérica y —más sorprendente aún— los países musulmanes de Medio Oriente y el norte de África. Ya no somos más el aguafiestas de mirada condenatoria que bebe Coca-Cola mientras todos los demás se emborrachan. Nuestra distinción se desvanece ante los ojos del mundo.

Sin embargo, nada ha cambiado ante los ojos de Dios. Israel

sigue siendo el rebelde pródigo que no quiere saber nada de Papá. El método de rebelión puede cambiar con el tiempo, pero el rechazo al Mesías no. El Señor, no obstante, continúa en su rol de Padre, amando a su hijo, sufriendo por sus decisiones y preparando el momento en que sea necesaria una disciplina parental con amor firme para poner a su hijo nuevamente bajo control.

Aunque la relación de Israel con gran parte del mundo ciertamente está mejorando, nunca se normalizará por completo. En 1982 se lanzó *Poltergeist*, el filme de Steven Spielberg. Como se ve en el título, es una historia de fantasmas centrada en la familia Freeling que se acababa de mudar a una casa por estrenar en California. Sucesos paranormales empiezan a ocurrir y pronto todo está envuelto en una atmósfera siniestra. Con el tiempo, la pequeña Carole Anne Freeling desaparece misteriosamente en la casa y tienen lugar toda clase de eventos caóticos. ¿Por qué ocurre todo esto? Resulta ser que todo el complejo de viviendas está edificado sobre un antiguo cementerio, de manera que, aunque todo lucía hermoso sobre la tierra, debajo de ella estaba plagada de muerte.

Esto es similar a lo que ocurre con las nuevas amistades de Israel. ¿Por qué sucede esto? Todo puede parecer color de rosa en la superficie, pero debajo del suelo hay una oscuridad que tiene forma de antisemitismo rampante en todo el mundo. En abril de 2021 la Liga Anti-Difamación [ADL, por sus siglas en inglés] emitió un comunicado de prensa titulado "Los incidentes antisemitas en los EE. UU. escalan a niveles históricos en 2020", en el que se reportan 2024 incidentes, el tercero más alto registrado en total.[9] No es solo en Estados Unidos que el odio hacia los judíos sigue ardiendo. En Europa los judíos siguen siendo hostigados, acosados y hasta les incendian las sinagogas. "La lucha contra esta enfermedad [el antisemitismo] se ha vuelto desesperada", escribe Brigette Wielheesen, periodista holandesa experta en contraterrorismo. "Si los judíos son el canario de Europa en la mina de carbón, esa ave ya no está con vida".[10]

El antisemitismo extendido no es algo sorprendente, porque la gente sigue a su amo. Ellos aman lo que su amo ama y odian lo que su amo odia. Satanás odia a los judíos; por lo tanto, hará todo lo que esté a su alcance para sostener el antisemitismo en el mundo. Es el odio lo que él usará en su intento final por eliminar al pueblo escogido. Bajo el liderazgo del Anticristo, las naciones se levantarán contra el pueblo judío, pero ellas volverán a perder. Luego serán juzgadas por sus acciones.

El profeta Joel escribió lo que Dios dijo acerca de este juicio futuro:

> Porque he aquí que en aquellos días, y en aquel tiempo en que haré volver la cautividad de Judá y de Jerusalén, reuniré a todas las naciones, y las haré descender al valle de Josafat, y allí entraré en juicio con ellas a causa de mi pueblo, y de Israel mi heredad, a quien ellas esparcieron entre las naciones, y repartieron mi tierra (Joel 3:1-2).

Esta es, esencialmente, la versión del Antiguo Testamento del juicio a las naciones ovejas y las naciones cabras. En el Monte de los Olivos, Jesús les enseñó a sus discípulos que, en un juicio futuro, Él separaría a los justos de los injustos. A los justos les dirá:

> Venid, benditos de mi Padre, heredad el reino preparado para vosotros desde la fundación del mundo. Porque tuve hambre, y me disteis de comer; tuve sed, y me disteis de beber; fui forastero, y me recogisteis; estuve desnudo, y me cubristeis; enfermo,

y me visitasteis; en la cárcel, y vinisteis a mí (Mateo 25:34-36).

Confundidos, los justos protestarán diciendo: "Señor, por mucho que nos guste llevarnos el crédito de esas cosas, no recordamos haber hecho todo eso por ti", y el Rey les responderá: "De cierto os digo que en cuanto lo hicisteis a uno de estos mis hermanos más pequeños, a mí lo hicisteis" (v. 40). En otras palabras, si trataste bien a los hermanos de Jesús, entonces eres una oveja. Si no, eres una cabra. En el Valle de Josafat, el criterio será cuán bien las naciones han tratado a Israel. "Entraré en juicio con ellos por causa de mi pueblo, mi herencia, Israel", dice el Señor. Durante la tribulación los incrédulos sufrirán lo inimaginable, pero será un castigo justo basado en su rebeldía hacia Dios y la persecución a la nación que Él ama y que escogió para sí.

LA IGLESIA E ISRAEL

Si el mundo aborrece lo que Dios ama, entonces la iglesia debería hacer justo lo opuesto. ¿Cómo pueden los creyentes ser seguidores de Dios si no aman con pasión lo que Él ama? Aun así, muchos cristianos no quieren tener nada que ver con Israel. "El Israel moderno no es el Israel real", dicen. "¿Cómo puede una nación tan secular y con una mínima población evangélica ser el pueblo escogido de Dios?". Si el pecado y la rebeldía fueran los estándares que un padre usara para desheredar a sus hijos, supongo de muchos de ustedes que están leyendo este libro estarían huérfanos ahora mismo. ¿De veras es así como nuestro Dios, que es la expresión perfecta del amor (1 Juan 4:8), trataría a los que Él llamó a ser suyos? De ser así, los que somos creyentes que confiamos en el perfecto amor de Dios para nuestra vida eterna probablemente deberíamos estar un poco ansiosos de que nuestros pecados no crucen la misteriosa línea de la expulsión.

Además, si Israel ya no existe, ¿qué hacemos con todas esas profecías que tienen a Israel como centro y que todavía no se cumplieron? Ah, veo las manos de todos mis lectores de la Teoría del Reemplazo disparándome. "El plan fue siempre que la iglesia fuera la verdadera Israel", dicen. "La nación simplemente estuvo allí en el comienzo para echar a rodar la bola, pero cuando Israel fracasó terriblemente en su misión, la iglesia estuvo lista para continuarla. Desde entonces, es la iglesia la que ha llevado adelante la misión de ser la luz de Dios en la oscuridad en perfecto amor y justicia. Bueno… tal vez no sea tan perfecta, pero al menos es bastante mejor que esos judíos".

Algunos creyentes en la Teoría del Reemplazo me han dicho: "La creencia de que la iglesia remplazaría a Israel tiene su raíz en la iglesia primitiva. Ha estado dando vueltas desde Orígenes y Agustín en el tercero y cuarto siglo". A lo cual yo les respondo: "Tengo algo superador. La Teoría del Reemplazo anda rondando desde el siglo I, ¡por lo cual Pablo escribió Romanos 11 para contrarrestarla!".

> Digo, pues: ¿Ha desechado Dios a su pueblo? En ninguna manera. Porque también yo soy israelita, de la descendencia de Abraham, de la tribu de Benjamín (v. 1).
>
> Pero ¿qué le dice la divina respuesta? Me he reservado siete mil hombres, que no han doblado la rodilla delante de Baal. Así también aun en este tiempo ha quedado un remanente escogido por gracia (vv. 4-5).

Digo, pues: ¿Han tropezado los de Israel para que cayesen? En ninguna manera; pero por su transgresión vino la salvación a los gentiles, para provocarles a celos (v. 11).

Porque si su exclusión es la reconciliación del mundo, ¿qué será su admisión, sino vida de entre los muertos? (v. 15).

Porque no quiero, hermanos, que ignoréis este misterio, para que no seáis arrogantes en cuanto a vosotros mismos: que ha acontecido a Israel endurecimiento en parte, hasta que haya entrado la plenitud de los gentiles; y luego todo Israel será salvo (vv. 25-26).

Así que en cuanto al evangelio, son enemigos por causa de vosotros; pero en cuanto a la elección, son amados por causa de los padres. Porque irrevocables son los dones y el llamamiento de Dios (vv. 28-29).

Porque Dios sujetó a todos en desobediencia, para tener misericordia de todos (v. 32).

Una y otra vez en Romanos 11, Pablo le asegura al lector que Dios aún ama a Israel y tiene un plan para ellos. Dos veces dice enfáticamente "de ninguna manera". En todo el pasaje habla en términos temporales: esta es la situación ahora, pero esto es lo que sucederá en el futuro. Escribe acerca de un remanente. ¿Cuándo Dios ha quitado al remanente fiel de su presencia por causa de los pecados de los malos? Y luego está esa palabra "irrevocable", una expresión tan inequívoca, categórica, que no deja margen a la duda. Dios llamó a su pueblo a una promesa irrevocable a través de Abraham, ¡así que dejen de sacar de la galera distorsiones doctrinales para revocarla! Ella es para aquellos que "creyeron en Dios y les fue contado por justicia" (mira Romanos

4:3). ¡Amén! ¡Gloria a Dios! Allí está mi esperanza como miembro físico y espiritual de Abraham.

Pero solo porque existe una iglesia compuesta por los descendientes espirituales de Abraham, ¿por qué deben decir ahora que los ancestros físicos de Abraham no significan nada? Leamos el pacto abrámico de nuevo:

> Pero Jehová había dicho a Abraham: Vete de tu tierra y de tu parentela, y de la casa de tu padre, a la tierra que te mostraré. Y haré de ti una nación grande, y te bendeciré, y engrandeceré tu nombre, y serás bendición. Bendeciré a los que te bendijeren, y a los que te maldijeren maldeciré; y serán benditas en ti todas las familias de la tierra (Génesis 12:1-3).

¿Por qué se sienten tan impulsados a decir que esto es alegórico o a espiritualizarlo? La tierra no le fue prometida a la iglesia sino a la descendencia física de Abraham. Estoy de acuerdo en que la iglesia es una gran nación espiritual formada por todos los escogidos de Dios, como Pedro deja en claro:

> Mas vosotros sois linaje escogido, real sacerdocio, nación santa, pueblo adquirido por Dios, para que anunciéis las virtudes de aquel que os llamó de las tinieblas a su luz admirable; vosotros que en otro tiempo no erais pueblo, pero que ahora sois pueblo de Dios; que en otro tiempo no habíais alcanzado misericordia, pero ahora habéis alcanzado misericordia (1 Pedro 2:9-10).

Sin embargo, eso no tiene nada que ver con el linaje físico de Abraham, quienes también son claramente escogidos por Dios:

> Pero tú, Israel, siervo mío eres; tú, Jacob, a quien yo escogí, descendencia de Abraham mi amigo. Porque te tomé de los confines de la tierra, y de tierras lejanas te llamé, y te dije: Mi siervo eres tú; te escogí, y no te deseché (Isaías 41:8-9).

Desde que Abraham fue primero llamado a salir de Ur, el pueblo de Israel le ha pertenecido a Dios. Él los amó y los sigue amando. Deseaba tener una relación con ellos y todavía lo desea. Dios ama al pueblo de Israel y quiere que regresen a Él. Pero quiere que *quieran* regresar. Al final de los siete años de tribulación, ellos harán precisamente eso.

3

UN TANTO EXAGERADO

Había sido una mañana agitada para Daniel. Los niños parecían decididos a no llegar a la escuela a tiempo, lo cual hizo que su esposa estuviera de malhumor. Para cuando salieron de casa, él y su amada se habían dicho cosas que lamentaron decir. Sus hijos también les habían dicho cosas que él se aseguraría de que lamentaran esa misma tarde cuando llegaran a casa. La fila de autos de padres dejando a sus hijos en la escuela parecía más larga que nunca ese día, y al momento de ir a la cafetería, sabía que no tenía tiempo de recoger su muffin y su dosis habitual de cafeína.

Después de llegar a la oficina, donde Daniel era un empleado promedio, su estómago rugía, y sabía que tendría un largo trecho hasta el almuerzo. Al pasar por la sala del personal, de camino a su escritorio, observó una caja pequeña en el mostrador. ¡La salvación! Era una caja con un refrigerio, perteneciente a la caridad. El personal podía escoger el tentempié que gustara y luego, empleando el código de honor, colocar la donación sugerida en una alcancía.

Metió la mano en el bolsillo solo para darse cuenta de que, en medio del caos que se había desatado en la mañana, había olvidado la billetera en su casa. Revisó los bolsillos delanteros y traseros a ver si tenía algo de cambio. ¡Nada! "¡Increíble!", murmuró mientras se alejaba.

Pero luego se detuvo. ¿Alguien realmente notaría que faltaba un snack? Además, muchas veces antes había comprado esos snacks, incluso pagando mucho más de la donación sugerida, porque el dinero era para caridad. Echando un vistazo alrededor y observando que no había moros en la costa, rápidamente manoteó el paquete de pistachos y luego puso su mano sobre la ranura, haciendo mímica como si estuviera depositando una moneda. Rápidamente llegó a su escritorio, encendió la computadora, abrió el paquete de frutos secos y comenzó a trabajar.

Las horas pasaron y las tareas del día pronto hicieron que olvidara la travesura de los pistachos. Luego recibió un mensaje de su supervisor, que quería verlo. Eso nunca era bueno. Un presentimiento lo hizo caminar más lento de lo acostumbrado hacia su destino. Cuando entró a la oficina sus temores se confirmaron al ver no solo a su supervisor sino también al gerente del departamento de recursos humanos, el gerente contable y el director de la compañía esperándolo.

Daniel permaneció de pie mientras los otros se sentaban en silencio, mirándolo fijamente. Un monitor reproducía las imágenes de él mirando la sala de personal, tomando el paquete de pistachos, luego colocando su mano obviamente vacía sobre la ranura de la alcancía.

"Nunca vi algo tan desagradable en toda mi vida", dijo el supervisor. "Robar de la caridad… Daniel, estás despedido".

En estado de shock, Daniel miró a cada uno en busca de alguna señal que le dijera que esto era una broma, pero los otros se veían más serios que nunca.

"¡Pero era solo una bolsa de pistachos!".

Un ruido llegó desde la puerta que estaba detrás suyo y dos policías entraron. Lo empujaron contra la pared y lo cachearon. Luego lo esposaron y lo metieron en el patrullero; unos pocos minutos después estaba en una celda. Los próximos tres meses fueron de lectura de cargos y declaraciones, y el juicio pasó volando hasta que finalmente concluyó con una sentencia de entre 15 y 25 años por robo, seguida por el golpe de martillo del juez.

Mientras Daniel era llevado a su celda, se lo escuchó murmurar otra vez: "¡Pero era solo una bolsa de pistachos!".

Creo que muchos de nosotros estaremos de acuerdo en que la sentencia de Daniel fue un tanto excesiva. Sí, estuvo mal tomar las frutas secas, pero ¿despedirlo, llevarlo a la cárcel y darle una sentencia extendida en el hotel de las barras de hierro? El tiempo no parece encajar bien con el crimen.

Así es como muchas personas ven la tribulación. Una lectura de los juicios de los sellos, seguida de los juicios de las trompetas y luego los juicios de las copas, a menudo lleva a los cristianos y no cristianos por igual a decir: "¿De veras, Dios? ¿No es un poquito excesivo todo eso?". Esto es especialmente cierto cuando consideramos que la vasta mayoría de la población pecadora del mundo no son asesinos y abusadores. Son solo rateros de aperitivos. ¿Qué le pasó a la misericordia?

Por otra parte, sabemos que Dios es justo y no castigará a los que no merecen ser castigados. Tampoco castigará a las personas más allá de lo que merecen sus pecados. ¿Pero puedes decirme que la dulce viejecita que siempre hornea galletas para los niños de la cuadra, solo porque no ha aceptado a Jesús como su Señor y salvador, merece los juicios que leemos en el libro de Apocalipsis? Sinceramente, muchos de los hombres y mujeres que conozco aquí en Israel se quitarían el pan de la boca para dártelo, ¿y están destinados a la ira eterna solo porque siguen una religión en la que tratan de demostrarle algo a Dios? Aunque me duela decirlo, la respuesta es sí.

En el capítulo anterior vimos que la tribulación primeramente tiene que ver con disciplinar a los judíos para que finalmente lleguen al punto en que miren a Aquel a quien traspasaron y respondan con lamento y arrepentimiento. No obstante, también hay una naturaleza punitiva en los siete años de horror. El propósito más amplio de la tribulación incluye derramar la ira sobre el mundo como pago por los pecados de la humanidad. Finalmente, luego del reino milenario, toda la humanidad no redimida y la creación manchada por el pecado llegará a su fin. Después el Señor comenzará nuevamente con un cielo y una tierra nuevos, habitados por los que eligieron seguirlo de todo corazón.

¿La humanidad espiritualmente muerta merece la ira de la tribulación? Lamentablemente sí. Y la razón es el pecado. Adán abrió el pecado para toda la humanidad y desde entonces lo hemos practicado bastante para desarrollar nuestra habilidad. Para comprender la tribulación debemos comprender el pecado. Pero en vez de brindar algunas definiciones simples sobre el pecado, quisiera comenzar usando el mundo que nos rodea como una ilustración viva, tanto de la naturaleza extrema del pecado como de la forma en que la humanidad ha perfeccionado su ejecución. Una vez que veamos los efectos trágicos del pecado, regresaremos y veremos lo que realmente es.

LOS EFECTOS TRÁGICOS DEL PECADO

El estado moral del mundo

Es fácil leer acerca de Sodoma y Gomorra en Génesis 19 y pensar: "¡Guau! ¡Qué ciudades tan depravadas!". Pero un escrutinio de la programación de televisión o una mirada a internet, una visita a una marcha del orgullo o leer las minutas de una convención anual de alguna de las principales denominaciones, te dará la sensación de un pronóstico de "ardiente, con probabilidad de caída de azufre".

Lo que estamos presenciando es el resultado natural de nuestra naturaleza interna de pecado. Dios vio la inclinación de nuestros corazones y, en vez de obligarnos a obedecerlo, nos permitió tomar nuestras propias decisiones.

> Por lo cual también Dios los entregó a la inmundicia, en las concupiscencias de sus corazones, de modo que deshonraron entre sí sus propios cuerpos, ya que cambiaron la verdad de Dios por la mentira, honrando y dando culto a las criaturas antes que al Creador, el cual es bendito por los siglos. Amén (Romanos 1:24-25).

El mundo está en una espiral moral de continuo deterioro. El pecado se ha convertido en una forma de arte. Es posible que Lot nos mirara y dijera: "¡Gracias a Dios que solo tengo que lidiar con esos enfermos aquí en Sodoma!". Esta caída constante de nuestra moralidad surge del hecho de que seguimos a nuestro amo, Satanás, que está determinado a que este mundo sea exactamente lo contrario a lo que Dios creó. El profeta Isaías condenó a los que tenían una actitud opuesta a la santidad diciendo:

¡Ay de los que a lo malo dicen bueno, y a lo bueno malo; que hacen de la luz tinieblas, y de las tinieblas luz; que ponen lo amargo por dulce, y lo dulce por amargo! (Isaías 5:20).

Todo lo que la Biblia describe como obras de la oscuridad es lo que ahora se celebra y exhibe. Por otra parte, los que quieren llevar a cabo obras de la luz, como ayudar a los que están confundidos sobre su identidad de género o acompañar a las mujeres que tienen embarazos no planificados, deben hacerlo en secreto. Tienen que trabajar de manera subterránea, ocultando sus actividades justas. Pero no es la primera vez que el mundo ha visto las normas éticas patas para arriba. De hecho, en cada imperio y civilización hemos notado el mismo ciclo de deterioro moral que eventualmente conduce al colapso de la sociedad.

El filósofo de inicios del siglo xix, Georg Hegel, escribió: "Lo que la experiencia y la historia nos enseñan es esto: que las naciones y gobiernos nunca han aprendido nada de la historia, ni han llevado a cabo alguna de las muchas lecciones que podemos extraer de ella".[11] Hacia el final del siglo xviii, el historiador Edward Gibbon escribió una obra monumental de seis tomos titulada *Declive y caída del imperio romano*, en la cual describió exactamente lo que el título indica. Aun así, con ese claro ejemplo, Estados Unidos y Europa todavía se dirigen codo a codo hacia la misma senda destructiva.

Este ciclo repetitivo de autoinmolación ocurre porque en algún punto en cada sociedad la brújula moral se desmagnetizó. Es como que hay un movimiento antagónico y la aguja comienza a girar enloquecida. Eric Snow escribió en 2011: "El crecimiento de la riqueza y el confort claramente puede socavar los valores del carácter, como el autosacrificio, la abnegación y la disciplina, lo que llevó a la creación de un imperio. Entonces el imperio afectado por la caída moral se debilitó y volvió más vulnerable a la destrucción por parte de fuerzas internas o externas".[12] Las primeras generaciones edificaron con abnegación; las postreras, derriban con egoísmo.

Puedo ver que esta misma transformación está teniendo lugar en Israel. Nacida en un cimiento de sacrificio mutuo y un espíritu de unidad, Israel ha estado mutando hacia una nación caprichosa y egocéntrica. Esto fue evidente en la elección del "gobierno del cambio" que estaba mucho menos interesado en la salud de la nación que en el confort y la seguridad emocional del individuo. Y aunque esta administración débil e inútil ha colapsado, no albergo esperanzas de un cambio de dirección. Al igual que en la transición de Josué al período de los jueces, la nueva generación no experimentó la mano poderosa de Dios durante los primeros años del estado de Israel, por lo cual, la población actual de la nación ha pasado a un tiempo en que "cada uno hacía lo que bien le parecía" (Jueces 17:6).

En una lista de los principales indicativos que llevaron al debilitamiento de un imperio, al menos tres de ellos son de naturaleza moral. Primero, el aumento de la inmoralidad sexual. Y para los lectores heterosexuales que inmediatamente apuntan su dedo contra la comunidad LGTB, por favor recuerden que los otros cuatro dedos nos están apuntando a nosotros. Esos dedos señalan al enorme número de parejas cristianas que conviven sin estar casados. Señalan a los hombres que justifican sus hábitos de pornografía, a mujeres que no pueden esperar a la próxima serie de sus novelas románticas favoritas cargadas de escenas sexuales, y padres que traen el erotismo y la crudeza a sus hogares a través de sus decodificadores de cablevisión. A menudo, solo los comerciales en las pausas de los eventos deportivos son suficientes para filtrarse y robar la inocencia a nuestros niños. La inmoralidad sexual es el principal acto de "yo primero", y esa es la actitud más destructiva en una sociedad.

En segundo lugar, está el debilitamiento de la estructura familiar. Comenzando con la primera pareja sobre la faz de la Tierra, Dios estableció la familia. "Por tanto, dejará el hombre a su padre y a su madre, y se unirá a su mujer, y serán una sola carne" (Génesis 2:24). Una vez más, como es algo que Dios estima, el enemigo hace todo lo posible para destruirla. El voto matrimonial "hasta que la muerte nos separe" ya no es tomado en serio. La definición de familia se ha vuelto lo que cada uno quiere que sea. Y —lo más terrible de todo— la muerte de un bebé en el vientre de su madre es considerada nada más que un procedimiento médico de rutina. Estoy harto de escuchar sobre proaborto. Lo opuesto a provida es promuerte, al menos la última vez que estudié español.

El tercer indicador relacionado con la moralidad en el debilitamiento de un imperio es la falta de responsabilidad personal. Hogares sin padre, valores sociales basados en el ego, reglas sociales endebles y una abrumadora dependencia del gobierno para la provisión y protección, han transformado gran parte de las personas del mundo occidental en tontos susceptibles que continuamente están buscando a quién culpar por cada palabra o acción que los hace sentir ofendidos o inseguros. Sentimientos heridos que pronto se tornan en acusaciones, humillaciones en internet, cancelación, protestas, motines, corrupción política, abusos por parte del sistema judicial y, en casos cada vez más seguidos en Europa, encarcelamiento. Como la verdad se considera agresiva y ofensiva, está siendo suprimida entre sus portadores. Y sin un fundamento de verdad, no hay nada que pueda sostener a una sociedad.

Todos los casilleros para hacer colapsar a un imperio están siendo tildados ahora mismo por una gran cantidad de naciones en el Occidente y más allá. Y no debería sorprendernos, porque Pablo ya nos dijo en la carta de Romanos lo que vendría:

> Por lo cual también Dios los entregó a la inmundicia, en las concupiscencias de sus corazones, de modo que deshonraron entre sí sus propios cuerpos, ya que cambiaron la verdad de Dios por la mentira, honrando y dando culto a las criaturas antes que al Creador, el cual es bendito por los siglos. Amén.
>
> Por esto Dios los entregó a pasiones vergonzosas; pues aun sus mujeres cambiaron el uso natural por el que es contra naturaleza, y de igual modo también los hombres, dejando el uso natural de la mujer, se encendieron en su lascivia unos con otros, cometiendo hechos vergonzosos hombres con hombres, y recibiendo en sí mismos la retribución debida a su extravío.
>
> Y como ellos no aprobaron tener en cuenta a Dios, Dios los entregó a una mente reprobada, para hacer cosas que no convienen; estando atestados de toda injusticia, fornicación, perversidad, avaricia, maldad; llenos de envidia, homicidios, contiendas, engaños y malignidades; murmuradores, detractores, aborrecedores de Dios, injuriosos, soberbios, altivos, inventores de males, desobedientes a los padres, necios, desleales, sin afecto natural, implacables, sin misericordia; quienes habiendo entendido el juicio de Dios, que los que practican tales cosas son dignos de muerte, no solo las hacen, sino que también se complacen con los que las practican (Romanos 1:28-32).

¿Cuán a menudo en la iglesia nos detenemos en el segundo párrafo de ese pasaje sin avanzar hacia el campo minado de pecados del tercer párrafo, mucha de la gran variedad de ofensas "aceptables" que cometemos entre la cristiandad? Lo que Pablo advirtió que le estaba sucediendo al imperio romano ahora está ocurriendo en el imperio occidental. Seríamos necios si pensásemos que nosotros acabaremos de manera diferente.

El estado geopolítico del mundo

Desde 2016 a 2020 solía levantarme cada mañana y pellizcarme diciendo: "¿Algo podría ser mejor que esto?". Hasta que un día me desperté, miré los titulares de las noticias y me cubrí por completo con las frazadas. En noviembre de 2020, Estados Unidos tuvo unas elecciones que fueron, bueno, no muy kosher. Luego, en marzo de 2021 mi país, Israel, también tuvo votaciones. Los resultados fueron esencialmente los mismos en ambos países: dos "gobiernos de cambio" tomaron el poder.

En EE. UU. el objetivo primordial era ser todo lo que la administración anterior no había sido, y encontrar la manera de hacer que todos los que estaban asociados con el pasado titular del cargo más alto pagasen por su "traición", tanto económicamente como con su libertad. En Israel, el revanchismo de la nueva estructura de poder estaba principalmente dirigida al primer ministro predecesor. Y en ambas naciones el enfoque pasó de ser la fuerza nacional y la solidez económica al cambio social y personal y la protección ambiental.

Viendo una apertura, muchos de los malos actores del mundo que habían sido mantenidos a raya por el fuerte liderazgo de las administraciones previas, ahora veían una oportunidad. Mientras escribo esto, Rusia todavía persiste en su senda destructiva invadiendo Ucrania. Corea del Norte está probando misiles hipersónicos y armamento nuclear. Irán tiene todos los materiales que precisa para crear un arma nuclear, y solo está esperando para tomar la decisión de proceder con su fabricación. China tiene a Taiwán rodeada de patrullas "regulares" y diariamente viola la soberanía de la nación por aire o por agua.

Si has estado esperando por un tiempo de "guerras y rumores de guerras" desde que leíste por primera vez Mateo 24:6, tu espera se acabó. Solo ven al Medio Oriente. Irak y Siria están plagadas de milicias terroristas chiitas, apoyadas por Irán. El gobierno libanés se ha vuelto una marioneta del grupo terrorista Hezbolá. Los rebeldes huties en Yemen constantemente encuentran blancos para detonar en su propio país y en la puerta de al lado, Arabia Saudita. Supervisando todo este caos está el régimen islámico de Teherán, que está en un continuo juego de ajedrez con Israel. A una corta distancia de mi casa está la base aérea Ramat David de la Fuerza Aérea Israelí, que alberga tres escuadrones F-16. Muchas veces veo los aviones de caza despegar cargados de armamento y regresar con la parte inferior de las alas vacía.

Tomó solo una generación que el pecado de Adán y Eva acabara con un hombre quitándole la vida a otro. Eso no nos sorprende. Como hemos visto, Satanás odia todo lo que Dios ama. Dios creó la vida para conservarla como algo sagrado y le encomendó a la humanidad honrarla y protegerla. No es de extrañar que el enemigo tenga la destrucción de la vida como punto número uno de su lista. Las batallas entre naciones y dentro de ellas son simplemente una continuación de este patrón de pecado que comenzó hace miles de años atrás cuando tentó a un hermano a matar a otro en el lado equivocado de las puertas del paraíso.

El estado físico del mundo

El pecado destruye. Si quieres ver evidencias, simplemente mira el estado de deterioro del mundo natural. Nuestro planeta comenzó con seis días donde "todo era bueno", lo cual se representaba en un rico y abundante oasis de belleza llamado Edén.

> Y Jehová Dios plantó un huerto en Edén, al oriente; y puso allí al hombre que había formado. Y Jehová Dios hizo nacer de la tierra todo árbol delicioso a la vista, y bueno para comer; también el árbol de vida en medio del huerto, y el árbol de la ciencia del bien y del mal (Génesis 2:8-9).

Todo era perfecto dentro y fuera del jardín. ¿Y qué ocurrió después? Engaño, rebelión y castigo. Cuando Adán pecó la perfección del mundo fue contaminada. Pablo lo declaró brevemente: "La paga del pecado es muerte" (Romanos 6:23). La muerte entró en el alma de Adán, separándolo a él y a sus descendientes de un Dios santo. Y la muerte entró también en el mundo natural, iniciando una corrosión gradual de la perfección de la Tierra. La penalidad que se le aplicó a Adán incluye la declaración de Dios: "Maldita será la tierra por tu causa" (Génesis 3:17). La evidencia de que Dios toma sus palabras en serio está alrededor de nosotros.

Con la muerte vino la enfermedad. La pandemia del coronavirus fue una experiencia nueva para esta generación, pero ciertamente no es nueva para la humanidad. A mediados del siglo xiv, la peste bubónica o peste negra horrorosamente cobró las vidas de veinticinco a treinta millones de personas en Europa solamente. A comienzos del siglo xx la gripe española mató entre veinte y cincuenta millones de personas. La pestilencia y enfermedad no eran parte del "era bueno" de la creación de Dios. Fue el pecado lo que abrió la puerta a la gripe asiática, la gripe hongkonesa, el sida, el SARS [Síndrome Respiratorio Agudo Grave], el MERS [Síndrome Respiratorio de Oriente Medio], la gripe porcina, el ébola, el zika y otras enfermedades.

Con la muerte llegaron los desastres naturales. Los terremotos, tsunamis, volcanes y hambrunas tampoco eran parte de la creación de Dios. No había refugios contra tornados en el Edén. Adán no tuvo que enseñarle a Eva a quedarse en el portal cuando la Tierra comenzara a temblar. Una vez que la imperfección entró en la creación perfecta de Dios, fue sellada una fecha de expiración de los cielos y la tierra. Ahora ellos se descomponen año tras año, y continuarán así hasta que Dios cree los cielos y la tierra nuevos. Esa re-creación es el día que Pablo dijo que todo lo creado anhelaría, cuando "la creación misma será libertada de la esclavitud de corrupción, a la libertad gloriosa de los hijos de Dios" (Romanos 8:21).

Dado que la mayoría de la humanidad vive como si todo lo que importase fuera el mundo natural, el deterioro de ese mundo ocasiona gran temor. En el pasado, la civilización hacía dioses del sol, de la luna, de las nubes y otros elementos de la naturaleza que no podían entender. Si tenías miedo de algo y no tenías poder para controlarlo, entonces la mejor opción era apaciguar la ira de ese dios mediante adoración y sacrificios. Lo mismo es cierto en la actualidad con los adeptos a la religión del cambio climático. En el 2006, mientras promocionaba su película, el sumo sacerdote del calentamiento global, Al Gore, predijo que a menos que se hicieran cambios drásticos en los siguientes diez años, el mundo pasaría el punto de no retorno. Esta ventana de tiempo es la que sus leales colegas de la ONU han estado publicitando desde 1989. La década pasó y el hecho de que yo esté hoy escribiendo esta oración en mi computadora es evidencia de que el mundo todavía sigue aquí.

Sí estoy de acuerdo con el pastor climático Gore en dos cosas. Primero: tenemos que cuidar el medio ambiente. Aunque no iría a los extremos a los que él y otros miembros del culto del clima llegan, tenemos que ser buenos mayordomos de la creación de Dios. Debemos respetarla y mantenerla limpia y sana. Segundo: coincido en que si continuamos en la senda actual, el mundo está condenado. Sin embargo, si cambiamos el camino y hacemos todo lo que la iglesia de Gore desea, el mundo seguirá condenado. Eso es porque la destrucción no se basa en nada de lo que la humanidad está haciendo hoy. El planeta verá su fin por causa de lo que el primer hombre hizo hace muchos años atrás. Tal es el poder del pecado.

El estado espiritual del mundo

Es la naturaleza espiritualmente muerta del mundo lo que ha ocasionado que el estado moral, geopolítico y físico del mundo sea así. En su reunión clandestina, Jesús le dijo a Nicodemo el fariseo: "Y esta es la condenación: que la luz vino al mundo, y los hombres amaron más las tinieblas que la luz, porque sus obras eran malas. Porque todo aquel que hace lo malo, aborrece la luz y no viene a la luz, para que sus obras no sean reprendidas" (Juan 3:19-20). La humanidad detesta la luz porque sus obras son malas. ¿Cómo llamamos a esas obras malas? Pecado.

Esta es una ilustración vergonzosa, y me disculpo aun desde antes de escribirla. La comodidad de la humanidad que vive en pecado es como un bebé que moja su pañal y luego no quiere que se lo cambien porque se siente calentito y mullido. Soy padre de cuatro hijos, tres de ellos varones. Sé de pañales mojados. Y como padre, también sé que un pañal sin cambiar puede producir toda clase de problemas como olores, erupciones e infecciones. Pero todo lo que al niño le importa es "Hmm, se siente tan lindo". Ellos no piensan en las consecuencias.

Este es el estado de nuestra cultura inmersa en el pecado. Lamentablemente, el lugar que solía comunicarle a la gente que debía cambiarse los pañales ya no lo hace más. Dios le ordenó a la iglesia ser su vocera para decirle a los que se han vuelto cómodos con su pecado que tienen un problema del que ocuparse. Si no tratan el asunto, vendrán serias ramificaciones tanto en su vida presente como en la venidera. No obstante, demasiadas iglesias han abandonado esa responsabilidad. Desde los púlpitos los pastores le dicen a la gente: "Si ese sentimiento tibio y blando te hace bien, buenísimo. A Dios no le interesa si tu pañal está seco o húmedo, siempre y cuando tú seas feliz y estés viviendo tu mejor vida ahora". Mientras tanto, la piel se va enrojeciendo, el sarpullido se esparce, las llagas brotan y la infección se desencadena.

Afortunadamente para todos nosotros, voy a dejar atrás esta imagen. La doctrina de "a Dios no le importa tu pecado, Él solo quiere que seas feliz" se está esparciendo como pólvora en las iglesias. Yo tengo un amigo en el sudeste asiático que enseña que todas las personas son salvas, sin importar lo que creas o cómo vivas. No es sorpresa que a las celebridades en ese país les encante ir a escucharlo porque les da licencia para vivir como les guste sin tener consecuencias eternas.

Volviendo al encuentro de Jesús con Nicodemo, el Maestro continuó diciendo: "Mas el que practica la verdad viene a la luz, para que sea manifiesto que sus obras son hechas en Dios" (Juan 3:21). Es interesante cómo, cuando ves la luz, cuando realmente

llegas a la fe en Cristo Jesús, empiezas a desear que esa luz puri-
ficadora del Hijo te quite todo lo que te estaba arrastrando hacia
abajo y haciendo sentir sucio. Y cuando Él lo hace, es un sentimiento que no se compara con nada. Es mejor que una ducha
después de un arduo día de trabajo.

Estar limpios nos hace sentir bien, pero también nos hará
sobresalir de todos los demás. Una mirada a nuestras ropas sin
mancha y nuestros cuerpos recién lavados, y las masas no arre-
pentidas se volverán conscientes del polvo y la suciedad que los
está cubriendo a ellos. En el aposento alto, Jesús les dijo a sus
discípulos: "Si el mundo os aborrece, sabed que a mí me ha abo-
rrecido antes que a vosotros. Si fuerais del mundo, el mundo
amaría lo suyo; pero porque no sois del mundo, antes yo os elegí
del mundo, por eso el mundo os aborrece" (Juan 15:18-19). Si
eres cristiano y el mundo te ama, entonces algo debe estar mal
con la forma en que vives.

No me malinterpretes: no deberíamos querer que la gente
nos odie. Somos llamados a amar sacrificialmente a quienes nos
rodean, a hacer todo lo posible para conducirlos al Mesías. El
odio vendrá de su parte, por causa del estado de pecado de sus
almas. La luz de Cristo en nosotros ilumina la oscuridad de
sus obras, y es un hecho insostenible en nuestra cultura de "si
te hace feliz, es bueno". Nuestra misión es abrazar a los puer-
coespines, reconociendo que seguramente pagaremos un precio
por hacerlo. Pero el dolor valdrá la pena, con tal de testificarle a
alguien muerto en sus pecados acerca del gozo y la libertad que
vienen de vivir una vida perdonada y de tener una eternidad
celestial.

¿QUÉ ES EL PECADO?

Ahora que ya hemos visto los trágicos efectos del pecado sobre la creación, es momento de definir lo que en realidad es el pecado. Se han escrito muchos libros sobre este tema, y una sencilla búsqueda en Google te ofrecerá largas explicaciones técnicas desde distintos ángulos. Si eso es lo que te gusta leer, fantástico. Adelante. Sin embargo, mi objetivo al escribir es tomar los conceptos difíciles y hacerlos fáciles de entender. Por eso te daré esta definición concisa: el pecado es la rebelión voluntaria contra Dios. El Señor habló de esa clase de resistencia a través del profeta Isaías:

> Extendí mis manos todo el día a pueblo rebelde, el cual anda por camino no bueno, en pos de sus pensamientos; pueblo que en mi rostro me provoca de continuo a ira, sacrificando en huertos, y quemando incienso sobre ladrillos (Isaías 65:2-3).

Primero, observa que el pueblo estaba actuando según sus propios pensamientos. ¡Qué perfecta descripción de la moralidad de hoy en día! Cuando se trata de nuestro comportamiento, Dios ha resumido muy claramente lo que es aceptable y lo que no. A través de todo el Nuevo Testamento encontrarás listas de pecados como la que está en Gálatas, que prohíbe "adulterio, fornicación, inmundicia, lascivia, idolatría, hechicerías, enemistades, pleitos, celos, iras, contiendas, disensiones, herejías, envidias, homicidios, borracheras, orgías, y cosas semejantes a estas" (Gálatas 5:19-21), y la lista de Jesús en el evangelio de Marcos, que incluye "los adulterios, las fornicaciones, los homicidios, los hurtos, las avaricias, las maldades, el engaño, la lascivia, la envidia, la maledicencia, la soberbia, la insensatez" (Marcos 7:21-22).

Estas listas representan los pensamientos de Dios sobre lo que está bien y lo que está mal, y por su perfecta santidad y justicia podemos estar seguros de que sus pensamientos son correctos. Cuando rechazamos los dictados de Dios sobre nuestra conducta le estamos diciendo, en una horrible distorsión de las Escrituras: "Lo siento, Señor, pero así como los cielos son más altos que la Tierra, así también mis caminos son más altos que los tuyos, y mis pensamientos que tus pensamientos". Dios dice: "No hagas esto", y nosotros respondemos: "Okey Señor, no lo haré... al menos no muy seguido".

Eso es rebeldía. Imagina que les das a tus hijos algunas reglas familiares y al escucharlas ellos responden: "Hermosa lista, mamá. Ahora déjanos decirte lo que haremos". Eso es lo que significa pecado. Es decir: "Señor, quiero llevar a cabo este acto o pensar este pensamiento o caer en este acto de codicia más de lo que deseo obedecerte a ti". ¿Cómo crees que Dios responderá a eso? ¿Debería el Creador todopoderoso encogerse de hombros y simplemente decir: "Bueno, mientras tú lo disfrutes, hazlo"?

Pero el pecado es incluso más horrendo que una simple rebeldía. Es una rebeldía excesiva. La segunda característica que identificamos en el pasaje de Isaías es que la resistencia de Judá era contra el mismo rostro de Dios. El pecado es hacerle un gesto obsceno a Dios mientras quebrantas su ley. Ahora bien, puedes recular y decir: "Yo nunca le haría algo así a nadie, mucho menos a Dios". Pero eso es exactamente lo que hacemos cuando ignoramos ese pequeño momento de convicción del Espíritu Santo que nos dice que paremos y, en cambio, avanzamos obstinadamente a cometer nuestro pecado. Es decir, en ese momento: "A pesar de todo lo que has hecho por mí y todo lo que me has prometido, Señor, me amo más de lo que te amo a ti. Así que voy a proseguir con esto". El pecado es desobediencia deliberada en la cara de Dios.

Los no creyentes no tienen esta misma convicción del Espíritu, pero de todos modos son responsables por sus acciones. Pablo deja en claro que con el Espíritu Santo o sin Él, las personas saben cuándo están haciendo algo malo. Todos tienen "la obra de la ley escrita en sus corazones, dando testimonio su conciencia, y acusándoles o defendiéndoles sus razonamientos" (Romanos 2:15). Cada pecado es un acto de rebelión deliberado y malicioso de la creación contra su Creador. Y la idea de que el amor de Dios simplemente pasará por alto el pecado es una afrenta contra su perfección.

La tribulación será más terrible de lo que puedes imaginar. ¿No será demasiado? ¿Será excesiva? Tristemente, no. Es solo el castigo por cada persona que ha pecado, una lista que incluye el nombre de cada persona nacida en el mundo.

Pero hay esperanza. Regresando a un pasaje que leímos anteriormente, ahora completemos el versículo: "Porque la paga del pecado es muerte, mas la dádiva de Dios es vida eterna en Cristo Jesús Señor nuestro" (Romanos 6:23).

Mediante nuestras acciones, los que todavía estén vivos en ese tiempo habrán ganado su pasaje a la tribulación, y todo justificará la eternidad subsiguiente apartados de Dios. Pero en un acto sacrificial, Jesús tomó ese castigo merecido sobre sí mismo y pagó el precio que nos correspondía. Él nos ofrece libertad del castigo como un regalo, absolutamente gratuito. Todo lo que nos pide es que creamos que Él es quien dijo ser, y que lo recibamos como nuestro Señor y Salvador. ¿De veras es tan simple? Pablo responde: "¡Absolutamente!".

> si confesares con tu boca que Jesús es el Señor, y creyeres en tu corazón que Dios le levantó de los muertos, serás salvo. Porque con el corazón se cree para justicia, pero con la boca se confiesa para salvación (Romanos 10:9-10).

Si tienes miedo de la tribulación venidera, deja que el Mesías se lleve ese temor. Arrepiéntete de tus pecados, vuélvete a Jesús y recíbelo en tu vida. ¡Qué hoy sea el día de tu salvación!

4

ORDEN Y MISERICORDIA

Debo reconocer que el último capítulo fue un tanto difícil de escribir. Fue necesariamente pesimista porque no hay ni un aspecto positivo en el pecado. El placer momentáneo que recibimos cuando vamos contra los estándares de Dios es como cuando compramos un auto deportivo nuevo con un préstamo a una tasa de interés muy alta, mientras trabajamos por un salario mínimo. Te sentirás maravillosamente bien cuando saques el automóvil de la concesionaria, vayas a toda velocidad por la calle y se lo muestres a tus amigos... hasta que recibas el primer extracto de cuenta. Luego te verás obligado a confrontarte cara a cara con las implicancias de la estúpida decisión que acabas de tomar.

Todos pecamos. Por lo tanto, la humanidad entera merece un castigo, y el castigo final es la separación eterna de Dios. Esa es la muerte espiritual a la que se refiere Pablo cuando ganamos nuestra "paga". Los judíos la merecen por causa de sus elecciones rebeldes y su rechazo al Mesías. Los gentiles merecen la muerte espiritual por las mismas razones. Cada persona nacida compró el automóvil y ahora está enfrentando una deuda que no puede pagar. La penalidad por nuestras acciones es justa.

Si no haces los pagos mensuales del auto deportivo, ¿qué sucede? El banco viene y te lo embarga. Y está bien. ¿Pero qué ocurriría si los embargadores vinieran a tu casa, te golpearan, incendiaran tu hogar y luego se escaparan intencionalmente con tu auto? ¿Eso no sería un poquito excesivo? Otra vez, así es como la gente ve a la tribulación. "¿Por qué Dios no mata a todos simplemente y los manda directo al juicio? ¿Por qué tiene que torturarlos primero con los sellos, las trompetas y las copas?". Para algunos, es semejante a cazar una mosca, arrancarle las alas, quitarle las patas y luego dejarla morir de hambre. ¿Acaso la tribulación no es una tortura en sí misma?

Es cierto que podemos ver un propósito en los horrores de la tribulación, porque ellos son los que llevarán a Israel al arrepentimiento y la salvación. Pero ¿por qué deberían todos los demás ser arrastrados a este proceso de siete años de restauración? ¿No podía encontrar Dios una salida más simple? ¿De veras son tan obstinados los judíos que precisan siete años de disciplina para poder aprender finalmente la lección? ¿No podía un Dios perfecto y omnisciente haberlo logrado en un tiempo más corto y sin tener que meter al resto del mundo en esto?

Las respuestas a las dos últimas preguntas son las siguientes: primero, como judío que soy, puedo decirte que sí, que somos muy obstinados. Segundo, de nuevo, sí; Dios podría haberlo hecho de otro modo. Sin embargo, no podría haber sido mejor. ¿Cómo lo sé? Porque este es el plan perfecto de un Dios perfecto. Ya hemos visto en capítulos anteriores que Él es un Dios de justicia. Lo que vemos en este plan impecable de la tribulación es que también es un Dios de orden y, lo creas o no, un Dios de misericordia.

DIOS DE ORDEN

Con Dios nada está librado al azar. No hay caos. No hay mundos que accidentalmente se salen de su eje ni células que mutan de maneras que Él no esperaba. Para algunos esto puede sonar aburrido. ¿No es en lo impredecible que encontramos emoción, aventura e incluso belleza? Buen argumento, pero incluso lo aparentemente aleatorio e impredecible está ligado a ciertas reglas. El gozo de experimentar el amor a primera vista mientras estás comprando leche en un almacén tomaría un giro no tan idílico si, en el mismo momento, la gravedad se terminara o descubrieras que de repente envejeces hacia atrás.

Así como un niño puede tomar un riesgo seguro en sus supuestas aventuras cuando sabe que su padre está en control de la escena, así también nosotros podemos vivir nuestras pequeñas acciones emocionantes y cargadas de sorpresa sabiendo que Dios nos ha rodeado de sus perfectamente confiables sistemas. Descansamos en el orden de Dios porque esta es la estructura en la que podemos aprender y definir el mundo que nos rodea. Es esta estructura perfecta la que nos permite tener esperanza en el futuro. Este ordenamiento de Dios se extiende desde los sistemas de la creación hasta el diseño de nuestra salvación, así como al plan que elaboró para la finalización de este mundo y el comienzo del siguiente. Por ende, sabemos que la tribulación no es solo una opción en el escenario de los tiempos finales: es una necesidad.

Orden en la salvación: dos nacimientos

El ordenamiento perfecto de Dios se ve en todo su plan de redención, restauración y futura glorificación de la humanidad.

Primero lo vemos en los dos nacimientos de todo creyente. Cada persona nace al menos una vez. Si fuiste incubado, fuiste transportado desde otra galaxia o surgiste espontáneamente de algún cieno primordial, entonces creo que probablemente tengas problemas más grandes que los que estamos tratando en este libro. Cuando naciste, ya eras pecador. "¡Espera!", seguro dirás. "Aquí en mi acta de nacimiento dice que soy cristiano". Odio tener que pincharte el globo, pero tu acta de nacimiento está equivocada. Nadie nace cristiano; de hecho, lo contrario es lo real:

> Y vio Jehová que la maldad de los hombres era mucha en la tierra, y que todo designio de los pensamientos del corazón de ellos era de continuo solamente el mal (Génesis 6:5).

Según el rey David, su corazón continuamente malo estaba allí desde el comienzo:

> He aquí, en maldad he sido formado, y en pecado me concibió mi madre (Salmos 51:5).

La rebelión espiritual que se inició con el mordisco de Adán se arraigó. Desde entonces se esparció como reguero de pólvora por toda la humanidad y existe hasta el día de hoy:

> Por tanto, como el pecado entró en el mundo por un hombre, y por el pecado la muerte, así la muerte pasó a todos los hombres, por cuanto todos pecaron (Romanos 5:12).

Porque todos hemos pecado, nadie puede señalar a Adán y culparlo de todo. Él puede haberle echado agua al polvo, pero nosotros saltamos por propia voluntad y nos revocamos en el fango. Dios es un Dios de orden, y el pecado es un acto de desorden. Por lo tanto, no es de sorprendernos que, desde el mismísimo comienzo, y conociendo nuestra tendencia al pecado, Él haya provisto un medio para lavar el barro de nuestros cuerpos y poder ser limpios nuevamente.

> Porque de tal manera amó Dios al mundo, que ha dado a su Hijo unigénito, para que todo aquel que en él cree, no se pierda, mas tenga vida eterna. Porque no envió Dios a su Hijo al mundo para condenar al mundo, sino para que el mundo sea salvo por él. El que en él cree, no es condenado; pero el que no cree, ya ha sido condenado, porque no ha creído en el nombre del unigénito Hijo de Dios (Juan 3:16-18).

Hay dos categorías de personas en este mundo: los "no condenados" y los que "ya han sido condenados". Nadie nace creyendo en Jesús; por lo tanto, todos arrancamos desde la segunda categoría. Jesús dijo que para pasar de los ya condenados a los no condenados, "es necesario nacer de nuevo" (Juan 3:7). Este es el segundo nacimiento.

La expresión "nuevo nacimiento" se volvió tan popular dentro de la cultura ya es casi un cliché. Algunos incluso lo usan como algo peyorativo para referir a los cristianos que creen en la Biblia, sin entender en realidad lo que significa la frase. Para el fariseo Nicodemo, "nacer de nuevo" era simplemente una locura, un absurdo biológico y algo casi blasfemo étnica y teológicamente.

El reconocido maestro le preguntó a Jesús: "¿Cómo puede un hombre nacer siendo viejo? ¿Puede acaso entrar por segunda vez en el vientre de su madre, y nacer?" (Juan 3:4). Esta es una pregunta totalmente válida, formulada por un hombre que no se estaba burlando de Jesús, sino que estaba buscando sinceramente aclarar una afirmación que le sonaba absurda. Y Jesús le brindó una explicación sincera y directa al decirle: "De cierto, de cierto te digo, que el que no naciere de agua y del Espíritu, no puede entrar en el reino de Dios. Lo que es nacido de la carne, carne es; y lo que es nacido del Espíritu, espíritu es" (vv. 5-6).

Aunque la frase de Jesús era biológicamente bizarra, había implicancias étnicas y espirituales en sus palabras. Para los judíos, su relación con Dios estaba basada en quiénes ellos eran. Se creían especiales porque eran descendientes de Abraham. Y estaban en lo cierto al creer eso, pero su excepcionalidad no era salvífica por naturaleza. Era una singularidad de linaje. Ahora bien, aquí estaba Jesús diciendo: "Sí, es buenísimo que hayas nacido judío, pero ahora tienes que nacer de una forma mejor". Casi puedo escuchar el monólogo interno de Nicodemo gritando: "¿Quééé? ¿Qué puede ser mejor que haber nacido judío?". Jesús le puso en claro que no era el primer nacimiento, el de la carne, el que importaba; es el segundo —el del espíritu— el que hace una diferencia eterna.

Cuando Jesús hablaba con la mujer samaritana le dijo:

> Mujer, créeme, que la hora viene cuando ni en este monte ni en Jerusalén adoraréis al Padre. Vosotros adoráis lo que no sabéis; nosotros adoramos lo que sabemos; porque la salvación viene de los judíos. Mas la hora viene, y ahora es, cuando los verdaderos adoradores adorarán al Padre en espíritu y en verdad; porque también el Padre tales adoradores busca que le adoren. Dios es Espíritu; y los que le adoran, en espíritu y en verdad es necesario que adoren (Juan 4:21-24).

"Pero, Amir, la salvación viene de Dios. ¿Cómo puedes decir que es de los judíos?". Yo no lo inventé, solamente lo leí. Esas palabras provienen de la boca de Jesús, y Él las pronunció sabiendo que Él era el judío de quien saldría la salvación.

A veces la gente en la iglesia se olvida de que Jesús no era cristiano. Él nunca fue un seguidor de Cristo. No creció yendo al campamento de verano, ni ayudó a repartir boletines en el culto especial de Navidad. Nunca se memorizó un versículo de los evangelios o las epístolas. Recuerda quién era Jesús: era 100 % judío, nacido en Belén de Judea, de la tribu de Judá. Fue de este judío que vino la salvación al mundo.

Y ahora les estaba diciendo tanto a Nicodemo como a la mujer samaritana que no se trataba de quiénes fueran sus ancestros. En cambio, se trata de quiénes eran ellos ahora. No es acerca del nacimiento del agua; es sobre el nacimiento del espíritu. Y cuando el espíritu de uno recibe vida en un nuevo nacimiento, es vida eterna. Todo es hecho en su perfecto tiempo y orden.

Orden en las consecuencias: dos muertes

Si hay dos nacimientos, uno físico y el otro espiritual, entonces, si Dios es un Dios de orden, debe haber también dos muertes, una física y una espiritual. Cuando Dios colocó a Adán en el huerto del Edén y le dijo: "Del árbol de la ciencia del bien y del mal no comerás; porque el día que de él comieres, ciertamente morirás" (Génesis 2:17), no estaba hablando de manera metafórica o alegórica. No estaba exagerando, ni estaba haciendo amenazas huecas. Cuando el primer esposo y esposa mordieron el fruto de ese árbol, la muerte se volvió una realidad. De repente, toda la creación recibió una fecha de expiración, incluyendo los seres humanos.

Tengo malas y buenas noticias para ti. Las malas son que, a menos que seas arrebatado o Dios te lleve al cielo en un torbellino acompañado por un caballo y una carroza de fuego, te vas a morir. La buena es que, si eres un seguidor de Jesucristo, la muerte no es un hecho que deba causarte miedo.

Antes, la dirección en que uno iba después de morir era la misma para todos: los justos de Dios y los injustos. En el orden perfecto de Dios, inicialmente Él los enviaba a todos abajo.

> Aconteció que murió el mendigo, y fue llevado por los ángeles al seno de Abraham; y murió también el rico, y fue sepultado. Y en el Hades alzó sus ojos, estando en tormentos, y vio de lejos a Abraham, y a Lázaro en su seno (Lucas 16:22-23).

Hasta la resurrección de Jesús, todos lo que morían iban abajo, al Seol. Allí las personas se encontraban en una de dos zonas, como se describe en el relato que Jesús hace en Lucas. Para los justos, era el seno de Abraham o el paraíso, un lugar de paz y bienestar. A los injustos les esperaba el Hades, donde experimentarían un gran tormento. Cuando el rey Saúl buscó una médium para consultar por el difunto Samuel, el profeta se enojó bastante y le preguntó: "¿Por qué me molestas, haciéndome subir?" (1 Samuel 28:15, NVI). Estaba "subiendo" desde abajo, del Seol.

En la resurrección de Jesús se hicieron algunos cambios respecto de la ubicación de los creyentes fallecidos. Antes de la resurrección, cuando todavía estaba en la cruz, Jesús le dijo al ladrón arrepentido: "De cierto te digo que hoy estarás conmigo en el paraíso" (Lucas 23:43). Recuerda que eso es allá abajo en el Seol. Sin embargo, después de su resurrección y ascensión, Pablo habla de una nueva realidad. Primero, vemos que las almas del Antiguo Testamento que se encontraban en el seno de Abraham son elevadas al cielo:

> Subiendo a lo alto, llevó cautiva la cautividad, y dio dones a los hombres (Efesios 4:8).

Pero luego Pablo deja en claro que, desde la cruz en adelante, todo creyente que muere asciende a la presencia del Señor:

> Así que vivimos confiados siempre, y sabiendo que entre tanto que estamos en el cuerpo, estamos ausentes del Señor (porque por fe andamos, no por vista); pero confiamos, y más quisiéramos estar ausentes del cuerpo, y presentes al Señor (2 Corintios 5:6-8).

Jesús no está en el Scol; está a la diestra del Padre en el cielo. Por lo cual, cuando morimos, sabemos que, aunque nuestro cuerpo pueda quedar en la tierra, nuestra alma asciende a la presencia de nuestro Salvador en los cielos. Por ese motivo, Pablo puede estar tan tranquilo cuando habla de su eventual muerte:

> Porque para mí el vivir es Cristo, y el morir es ganancia. Mas si el vivir en la carne resulta para mí en beneficio de la obra, no sé entonces qué escoger. Porque de ambas cosas estoy puesto en estrecho, teniendo deseo de partir y estar con Cristo, lo cual es muchísimo mejor (Filipenses 1:21-23).

Pablo no tenía miedo de morir poque sabía que el peor día en el cielo es mucho mejor que el mejor día sobre la Tierra, y eso suponiendo que haya un día en el cielo del que se pueda decir que era "el peor". No estoy alentando a nadie para que se mate, y si estás considerando esa posibilidad, por favor ponte en contacto con tu iglesia y pide ayuda. *Siempre* debemos elegir la vida. Simplemente debemos recordar que para el creyente las opciones son muy buenas, no importa lo que nos suceda. Vivir aquí significa un servicio fructífero para el Reino de Dios y más tiempo con la familia y amigos. Irnos de aquí significa experimentar la presencia del todopoderoso Dios. Esa es una situación en la que todos ganan.

Esa situación, no obstante, es solamente para el creyente. Para el incrédulo no hay ganancia en la muerte. La primera muerte es terrible porque el alma se dirige a la zona de tormento en el Hades. No importa cuánto uno haya sufrido aquí en la Tierra, los sufrimientos justificados por los pecados en el Seol son peores. Pero eso es solo la primera muerte.

Para los que rechazan a Jesús como Salvador hay una segunda muerte que les espera. Repito: en los dos nacimientos, todos nacemos físicamente y los creyentes nacen espiritualmente; con las dos muertes, todos morimos físicamente y los no creyentes mueren espiritualmente. Cuando hablo de los que mueren espiritualmente, me refiero a los que serán parte de la segunda muerte. Por ahora, el pecado ha matado a todos espiritualmente, causando separación de Dios. Es en nuestro nacimiento espiritual que los que estamos muertos espiritualmente somos resucitados, produciendo una nueva vida y reconciliándonos con el Padre.

La segunda muerte no tocará a los que ya pertenecen a Cristo. Juan escribe: "Bienaventurado y santo el que tiene parte en la primera resurrección; la segunda muerte no tiene potestad sobre estos" (Apocalipsis 20:6). Hablaremos sobre la primera y segunda resurrección luego, pero digo esto para referirme a los seguidores de Jesús el Mesías, quienes no deberían temer a la segunda muerte porque no los tocará.

¿Qué es la segunda muerte? Es una desconexión total y permanente del amor y la presencia de Dios para siempre. Ya no habrá posibilidad de volver a estar en su compañía nuevamente. Tal es la consecuencia de la falta de arrepentimiento y de una vida en continua rebelión contra Dios. Jesús, en su rol de juez, le dijo a Juan: "Pero los cobardes e incrédulos, los abominables y homicidas, los fornicarios y hechiceros, los idólatras y todos los mentirosos tendrán su parte en el lago que arde con fuego y azufre, que es la muerte segunda" (Apocalipsis 21:8). Este es Jesús mismo advirtiendo sobre esa eternidad separados de Él.

¿Cómo se verá el "para siempre separados de Dios"? Para entenderlo, tenemos que mirar las resurrecciones. Seguramente no te sorprenderá saber que en el perfecto orden de Dios hay dos de esas también.

Orden en la restauración: dos resurrecciones

Cada persona es eterna. Cuando Dios creó a la humanidad, la creó a su imagen. Eso no significa que nos parecemos a Él físicamente. Es tal como oímos a Jesús decirle a la samaritana: "Dios es Espíritu; y los que le adoran, en espíritu y en verdad es necesario que adoren" (Juan 4:24). Porque Dios es Espíritu, no tiene cuerpo físico. Jesús mismo lo confirmó luego de su resurrección cuando aseguró: "Un espíritu no tiene carne ni huesos, como veis que yo tengo" (Lucas 24:39). Entonces, cuando leemos acerca de ver el rostro de Dios o su forma, eso es un antropomorfismo, una palabra de quince letras que significa simplemente asumir descripciones humanas para intentar entender mejor a Dios.

Como parte de su imagen que Él nos ha conferido, somos seres espirituales. La diferencia es que Dios es solo espíritu, mientras que nosotros somos carne y espíritu. Mientras que la parte nuestra de la carne es mortal, la del espíritu es eterna. Esto genera un problema, porque a diferencia del Espíritu de Dios, nuestro espíritu está diseñado para funcionar dentro de un cuerpo físico. ¿Pero cómo puede ser un alma eterna en un cuerpo temporal? Esa unión no puede durar para siempre. Cuando ambas partes son separadas, eso se llama muerte física.

¿Cómo es un espíritu sin la cáscara física? No lo sabemos. Es más que simplemente un fantasma flotando por ahí. La explicación temprana de Jesús sobre el rico y Lázaro en el Seol nos deja tantas preguntas como respuestas. Incluso en forma de espíritu el hombre rico reconoció al mendigo que siempre había despreciado. Tenía alguna clase de estructura corporal porque le preguntó: "Padre Abraham, ten misericordia de mí, y envía a Lázaro para que moje la punta de su dedo en agua, y refresque mi lengua; porque estoy atormentado en esta llama" (Lucas 16:24). Un espíritu no resucitado con una lengua, pidiendo que otro le dé agua con la punta de sus dedos? Debo admitir que no lo entiendo completamente, pero está bien. Si Dios hubiera querido que sepamos cómo luce un espíritu sin cuerpo, la Biblia habría sido un libro de imágenes. Supongo que algún día tendré la respuesta a ese misterio de primera mano.

Como un cangrejo ermitaño funciona sin caparazón, un espíritu puede obrar sin un cuerpo. Sin embargo, así es como fuimos diseñados. De modo que, en última instancia, cada persona muerta y sin su cuerpo será transformada en dos maneras. Los muertos volverán a la vida y se les dará un nuevo cuerpo inmortal mejorado con el cual experimentará esa vida. Eso se llama resurrección. Pablo escribió acerca de este proceso diciendo: "Se siembra un cuerpo corruptible, se resucita un cuerpo incorruptible" (1 Corintios 15:42, LBLA). En otras palabras, al igual que una semilla, el cuerpo es puesto en la tierra para regresar al polvo. Sin embargo, cuando llegue la resurrección, lo que se cosechará es un nuevo cuerpo que nunca morirá. Todo en perfecto orden. ¿Cómo se verá este proceso? Miremos las dos resurrecciones que se describen en la Escritura.

Todos deberían desear ser parte de la primera resurrección, que ocurre en fases a lo largo de un período de tiempo. Describiendo el tiempo de la segunda venida, Juan afirma: "Bienaventurado y santo el que tiene parte en la primera resurrección; la segunda muerte no tiene potestad sobre estos, sino que serán sacerdotes de Dios y de Cristo, y reinarán con él mil años" (Apocalipsis 20:6). La primera resurrección consiste solo de creyentes. Recuerda que la segunda muerte trae separación eterna de Dios en el infierno. Los que tengamos parte de la primera resurrección no tenemos que temer a esa contingencia. En cambio, seremos sacerdotes y jueces, y reinaremos con nuestro Salvador durante los mil años de reinado milenario.

La primera resurrección comenzó en el jardín de la tumba hace dos mil años. Otras personas fueron levantadas de la muerte, pero todas volvieron a morir porque no fueron resucitadas en sus cuerpos nuevos e incorruptibles. Levantados de la muerte no es lo mismo que resucitados. Cuando Jesús regresó de la tumba, inició la primera resurrección, una que incluye una transformación física de lo corruptible a lo incorruptible.

Mas ahora Cristo ha resucitado de los muertos; primicias de los que durmieron es hecho. Porque por cuanto la muerte entró por un hombre, también por un hombre la resurrección de los muertos. Porque así como en Adán todos mueren, también en Cristo todos serán vivificados. Pero cada uno en su debido orden: Cristo, las primicias; luego los que son de Cristo, en su venida (1 Corintios 15:20-23).

Pablo establece el orden del plan de Dios. El cuerpo en el que Jesús fue resucitado es el que le permitió aparecer y desaparecer y traspasar paredes. Aun así, era evidente que seguía siendo un cuerpo real, maravillosamente demostrado por el Salvador cuando comió con los discípulos. También es el cuerpo que le permitió ascender al cielo, donde está sentado a la derecha del Padre, como Esteban afirmó en su martirio:

Pero Esteban, lleno del Espíritu Santo, puestos los ojos en el cielo, vio la gloria de Dios, y a Jesús que estaba a la diestra de Dios, y dijo: "He aquí, veo los cielos abiertos, y al Hijo del Hombre que está a la diestra de Dios" (Hechos 7:55-56).

Ahora mismo, Jesús es el único que utiliza un cuerpo 2.0. Pero eso cambiará, posiblemente muy pronto, como ya veremos.

El segundo grupo de personas que recibirá cuerpos resucitados serán los santos de la iglesia. Si eres un seguidor de Jesús, me estoy refiriendo a ti. Discutiremos el rapto en profundidad en un capítulo posterior, pero ese glorioso evento es parte de la primera resurrección. Similar al lanzamiento de un nuevo automóvil, Jesús fue el prototipo, que presentó el nuevo modelo. Cuando nos encontremos con Él en las nubes, el Señor comenzará a entregar el nuevo producto al público.

> He aquí, os digo un misterio: No todos dormiremos; pero todos seremos transformados, en un momento, en un abrir y cerrar de ojos, a la final trompeta; porque se tocará la trompeta, y los muertos serán resucitados incorruptibles, y nosotros seremos transformados. Porque es necesario que esto corruptible se vista de incorrupción, y esto mortal se vista de inmortalidad. Y cuando esto corruptible se haya vestido de incorrupción, y esto mortal se haya vestido de inmortalidad, entonces se cumplirá la palabra que está escrita: "Sorbida es la muerte en victoria". "¿Dónde está, oh muerte, tu aguijón? ¿Dónde, oh sepulcro, tu victoria?" (1 Corintios 15:51-55).

No puedo leer esto sin que se dibuje una sonrisa en mi rostro. ¿Te imaginas lo que será? Primero, todos esos creyentes que han fallecido desde el primer siglo de la iglesia hasta el día de hoy serán levantados para recibir sus cuerpos resucitados. ¿Por qué ellos irán primero? Porque Dios es un Dios de orden, y así es como Él determinó que fuera el proceso. Como escribió Pablo: "Por lo cual os decimos esto en palabra del Señor: que nosotros que vivimos, que habremos quedado hasta la venida del Señor, no precederemos a los que durmieron" (1 Tesalonicenses 4:15). Así que, relájate y espera tu turno. Luego de que todos ellos hayan subido a encontrarse con Jesús en las nubes, entonces todos los que todavía estemos vivos y seamos parte de la familia de Dios, seremos arrebatados y transformados. ¿Qué pasa con los santos del Antiguo Testamento? Aguarda… su tiempo está llegando.

Los siguientes reclutas del Club de la Primera Resurrección son solo dos. Dos testigos aparecerán en Jerusalén durante la tribulación. Ellos pronto serán la piedra en el zapato de todo el mundo, diciéndoles constantemente a todos que son pecadores destinados al infierno. No es de sorprender que su mensaje no caiga muy bien, y la gente tratará de matarlos. Sin embargo, estarán protegidos por la mano de Dios hasta que finalicen la tarea que se les ha asignado. En ese punto, el Señor permitirá que sean muertos. Pero no te preocupes.

> Pero después de tres días y medio entró en ellos el espíritu de vida enviado por Dios, y se levantaron sobre sus pies, y cayó gran temor sobre los que los vieron. Y oyeron una gran voz del cielo, que les decía: Subid acá. Y subieron al cielo en una nube; y sus enemigos los vieron (Apocalipsis 11:11-12).

A los tres días y medio después de morir, mientras todo el mundo esté en la fiesta de los Dos Testigos Muertos, esos dos siervos de Dios resucitarán. Después, en su rapto en cámara lenta, saludarán a los que queden en la Tierra, y ascenderán a los cielos, donde estarán con el Señor.

El siguiente grupo de personas que tomarán parte en la primera resurrección no se levantarán hasta el fin de la tribulación, cuando sea el tiempo en que el Mesías regrese a reinar sobre la Tierra desde Jerusalén. Es en la segunda venida cuando finalmente veremos la resurrección de los santos del Antiguo Testamento. Esta fue la promesa dada a Daniel por el hombre vestido de lino que le dijo: "Y tú irás hasta el fin, y reposarás, y te levantarás para recibir tu heredad al fin de los días" (Daniel 12:13). El hombre le dijo al profeta que a pesar de que iba a morir como todos los demás, le esperaba una resurrección. Isaías lo describió bellamente:

> Tus muertos vivirán; sus cadáveres resucitarán. ¡Despertad y cantad, moradores del polvo! porque tu rocío es cual rocío de hortalizas, y la tierra dará sus muertos (Isaías 26:19).

Hay un grupo más de muertos en esta primera resurrección: los muertos que "la tierra dará" en la segunda venida de Cristo. Esos son los mártires de la tribulación. Buenas noticias: todavía hay esperanza para los que queden atrás en el rapto. La misericordia de Dios se extenderá más allá del traslado de la iglesia, como veremos más adelante en este mismo capítulo. Los que recibieron a Cristo luego del rapto tendrán que soportar los horrores de la tribulación y la persecución del Anticristo. No obstante, como han puesto su fe en el verdadero Salvador, experimentarán el segundo nacimiento, lo cual los salvará de la segunda muerte y los habilitará para ser parte de la primera resurrección. Sí, el orden de Dios es perfecto en todas las cosas.

Hasta aquí las resurrecciones descritas han sido nada más que buenas. Pero recuerda: todos resucitarán finalmente. Jesús dijo:

> No os maravilléis de esto; porque vendrá hora cuando todos los que están en los sepulcros oirán su voz; y los que hicieron lo bueno, saldrán a resurrección de vida; mas los que hicieron lo malo, a resurrección de condenación (Juan 5:28-29).

El espíritu es eterno y precisa un cuerpo incorruptible. Hay dos grupos que serán parte de una segunda resurrección que tendrá lugar al final del milenio. El primero son los creyentes mortales que fallecieron durante los mil años del reinado de Cristo. El segundo grupo —ampliamente mayor— serán los no creyentes de todos los tiempos. Esta es la "resurrección de condenación" de la que habló Jesús. Esos no creyentes serán resucitados solo con un propósito: deben recibir sus cuerpos incorruptibles para poder estar de pie delante de Dios, ser juzgados y recibir el justo castigo por sus pecados.

Orden en la justicia: siete juicios futuros

La Biblia nos cuenta de un tiempo en que cada persona estará ante Dios para enfrentar el juicio final. Es parte del orden natural de Dios: "Y de la manera que está establecido para los hombres que mueran una sola vez, y después de esto el juicio…" (Hebreos 9:27). Lo que la Escritura deja en claro, no obstante, es que no habrá solo un juicio para todo el mundo. De hecho, habrá una serie de siete juicios, y todos ellos tendrán lugar después del rapto de la iglesia. Por cuestión de tiempo no voy a profundizar demasiado en cada uno de estos juicios, excepto en el primero y el último.

1. El juicio del trono Bema

Arrancamos con el asiento del juicio de Cristo, también conocido como el juicio del trono Bema. Es el único para la iglesia y tendrá lugar luego de ser arrebatados para estar con Jesús. ¿Eso significa que una vez que lleguemos al cielo y veamos las mansiones preparadas para nosotros, tendremos que comparecer delante de Dios para saber si nos quedamos o seremos desalojados? ¿Estará Pedro parado en la puerta de perla tildando en una lista

de nombres para ver si los que forman parte de la masa de raptados serán en realidad admitidos? Para nada. Si estás en el cielo es
porque te quedarás allí (al menos hasta que el Señor diga que es
tiempo de seguirlo de regreso a la Tierra).

El juicio no es para recibir un castigo, porque no hay castigos
para la iglesia. El Bema se trata de recompensas. Pablo escribió:
"Porque es necesario que todos nosotros comparezcamos ante el
tribunal de Cristo, para que cada uno reciba según lo que haya
hecho mientras estaba en el cuerpo, sea bueno o sea malo" (2
Corintios 5:10). Este versículo se escribió para la iglesia y habla
sobre lo que hemos hecho en la Tierra con los dones y el llamado
que el Señor nos ha dado.

La Biblia dice que…

> la obra de cada uno se hará manifiesta; porque el día la decla-
> rará, pues por el fuego será revelada; y la obra de cada uno cuál
> sea, el fuego la probará. Si permaneciere la obra de alguno que
> sobreedificó, recibirá recompensa. Si la obra de alguno se
> quemare, él sufrirá pérdida, si bien él mismo será salvo, aunque
> así como por fuego (1 Corintios 3:13-15).

Una vez más, es un juicio para recompensa, no un juicio de
salvación. Pablo anticipó grandemente el día en que estaría delante del asiento del juicio, diciéndole a su protegido Timoteo
que no podía esperar para recibir "la corona de justicia, la cual
me dará el Señor, juez justo, en aquel día; y no solo a mí, sino
también a todos los que aman su venida" (2 Timoteo 4:8).

¿Por qué debemos trabajar y esforzarnos por el Señor en el
tiempo que tenemos sobre la Tierra? ¿Por qué no simplemente
poner los pies en alto y relajarnos, sabiendo que nuestra salvación

ya fue ganada por la obra de Jesús en la cruz? Somos diligentes en llevar a cabo nuestra misión de Reino para llevarle gloria a Dios y mostrarle lo mucho que lo amamos. Lo hacemos por adoración, obediencia y gratitud. Pero lo hacemos sobre todo porque Dios nos ha dado este pequeño programa de incentivos. Al servirlo con todo nuestro corazón ganamos nuestras coronas de justicia que nos serán entregadas en el juicio Bema. Una vez más, ¡esta es una situación en la que todos ganan!

2. El juicio de los creyentes del Antiguo Testamento

El segundo juicio es el de los creyentes del Antiguo Testamento, que resucitarán en la segunda venida, después de la tribulación. En ese punto, de acuerdo con el perfecto orden de Dios, serán recompensados según su fidelidad durante su vida. "Y todos estos, aunque alcanzaron buen testimonio mediante la fe, no recibieron lo prometido; proveyendo Dios alguna cosa mejor para nosotros, para que no fuesen ellos perfeccionados aparte de nosotros" (Hebreos 11:39-40). Una vez que la iglesia haya sido recompensada, finalmente llegará el tiempo de que los santos del Antiguo Testamento reciban lo que les fue prometido.

3. El juicio de los creyentes de la tribulación

Tercero en el orden de los juicios viene el de los creyentes de la tribulación. Ellos serán resucitados en la segunda venida junto con los santos del Antiguo Testamento.

> Y vi tronos, y se sentaron sobre ellos los que recibieron facultad de juzgar; y vi las almas de los decapitados por causa del testimonio de Jesús y por la palabra de Dios, los que no habían adorado a la bestia ni a su imagen, y que no recibieron la marca en sus frentes

ni en sus manos; y vivieron y reinaron con Cristo mil años. Pero los otros muertos no volvieron a vivir hasta que se cumplieron mil años. Esta es la primera resurrección (Apocalipsis 20:4-5).

Es en este punto —a continuación de la tribulación— que cada creyente fallecido en todas las eras será resucitado y recibido en su cuerpo resucitado. Jesús se sentará como Juez en Jerusalén y ellos estarán delante de Él para recibir su recompensa.

Después de que hayan pasado todos los creyentes muertos la pregunta permanece: ¿Qué sucederá con los creyentes vivos que sobrevivieron a la tribulación, tanto judíos como gentiles? Los abordaremos por separado.

4. El juicio al Israel que esté vivo

El cuarto juicio de nuestra lista es el del Israel vivo. A través del profeta Ezequiel, Dios le dice a su pueblo escogido que después de reunirlos de todas las naciones, "os traeré al desierto de los pueblos, y allí litigaré con vosotros cara a cara. Como litigué con vuestros padres en el desierto de la tierra de Egipto, así litigaré con vosotros" (Ezequiel 20:35-36).

La corte está lista. Dios es el Juez y el pueblo de Israel son los demandados. Cuando comience la sesión, el Juez se pondrá en acción. "Os haré pasar bajo la vara, y os haré entrar en los vínculos del pacto; y apartaré de entre vosotros a los rebeldes, y a los que se rebelaron contra mí; de la tierra de sus peregrinaciones los sacaré, mas a la tierra de Israel no entrarán; y sabréis que yo soy Jehová" (vv. 37-38). El tiempo de este juicio no está claro. Podría ser al comienzo de la tribulación o al final. Recuerda que Zacarías 13:8 dice que al final, dos terceras partes de Israel serán cortadas, y solo un tercio se negará a inclinarse ante el Anticristo y recibir su marca. Es a ellos a quienes Jesús atraerá a sí mismo en la segunda venida y quienes lo recibirán como Señor y Salvador.

5. El juicio a los gentiles que estén vivos

En el quinto juicio, los gentiles que atravesaron la tribulación se presentarán delante del Juez. Dios habló a través del profeta Joel: "Reuniré a todas las naciones, y las haré descender al valle de Josafat, y allí entraré en juicio con ellas a causa de mi pueblo, y de Israel mi heredad" (Joel 3:2). Estos evidentemente no son judíos, porque serán juzgados de acuerdo con el tratamiento que dieron a Israel durante los siete años de la angustia de Jacob.

Jesús nos dio los detalles de lo que ocurrirá en este juicio en su descripción de la separación de las ovejas de las cabras. Él dijo: "Cuando el Hijo del Hombre venga en su gloria, y todos los santos ángeles con él, entonces se sentará en su trono de gloria, y serán reunidas delante de él todas las naciones; y apartará los unos de los otros, como aparta el pastor las ovejas de los cabritos" (Mateo 25:31-32). Esto obviamente se refiere a la segunda venida, cuando Jesús regrese en gloria. Todos los gentiles se reunirán en el Valle de Josafat y serán separados según sean ovejas buenas o cabras malas. Jesús revela el criterio para determinar quién es quién: "De cierto os digo que en cuanto lo hicisteis a uno de estos mis hermanos más pequeños, a mí lo hicisteis" (v. 40).

¿Quiénes son los hermanos de Jesús de Nazaret, el que nació en Belén, de la tribu de Judá? Los judíos, claro. La suposición en la parábola de Jesús es que si eres verdaderamente cristiano amarás lo que Dios ama, y Dios ama a los judíos. Haz esto y probarás que eres una oveja, y así entrarás al reino del milenio. Si has perseguido a los judíos, entonces eres una cabra, y tu vida acabará. Te encontrarás en el Seol, donde aguardarás el juicio final.

6. El juicio a Satanás y sus demonios

Hablando de juicio final, este es el punto en el orden de la justicia de Dios en el cual ahora nos encontramos. El sexto juicio es el de Satanás y todos sus secuaces. Esto viene en dos etapas. El golpe inicial es dado después de la batalla que sigue a la segunda venida del Mesías:

> Y la bestia fue apresada, y con ella el falso profeta que había hecho delante de ella las señales con las cuales había engañado a los que recibieron la marca de la bestia, y habían adorado su imagen. Estos dos fueron lanzados vivos dentro de un lago de fuego que arde con azufre (Apocalipsis 19:20).

El Anticristo y el falso profeta serán los primeros en ser arrojados al lago de fuego. El diablo será encarcelado en el abismo, donde esperará su liberación luego del reino del milenio de Cristo. Cuando los mil años hayan pasado, la puerta del abismo será abierta y Satanás correrá a tomar su posición en la batalla final. El enemigo y sus hordas serán vencidos definitivamente en esta segunda batalla de Gog y Magog, y el diablo finalmente recibirá su merecido.

> Y el diablo que los engañaba fue lanzado en el lago de fuego y azufre, donde estaban la bestia y el falso profeta; y serán atormentados día y noche por los siglos de los siglos (Apocalipsis 20:10).

En la batalla entre el bien y el mal nunca hubo duda sobre quién sería el vencedor. El Creador siempre vence sobre lo creado, una verdad que el diablo olvidó, para su propia perdición.

7. El juicio del Gran Trono Blanco

Esto nos lleva al séptimo y más trágico de todos los juicios.

> Y vi un gran trono blanco y al que estaba sentado en él, de
> delante del cual huyeron la tierra y el cielo, y ningún lugar
> se encontró para ellos. Y vi a los muertos, grandes y pequeños,
> de pie ante Dios; y los libros fueron abiertos, y otro libro fue
> abierto, el cual es el libro de la vida; y fueron juzgados los muer-
> tos por las cosas que estaban escritas en los libros, según sus
> obras. Y el mar entregó los muertos que había en él; y la muerte
> y el Hades entregaron los muertos que había en ellos; y fueron
> juzgados cada uno según sus obras. Y la muerte y el Hades fue-
> ron lanzados al lago de fuego. Esta es la muerte segunda. Y el
> que no se halló inscrito en el libro de la vida fue lanzado al lago
> de fuego (Apocalipsis 20:11-16).

Encuentro doloroso incluso leer esas palabras. Hay demasiadas personas en mi pasado y presente quienes sé que tendrán que
pararse delante de Dios en este juicio.

Habrá algunos —creyentes mortales que estén vivos al final
del milenio— que estarán ante Dios y cuyos nombres se encon-
trarán en el libro de la vida del Cordero. Ellos recibirán cuerpos
incorruptibles y disfrutarán la eternidad con el Señor en sus cielos y tierra nuevos. Sin embargo, la amplia mayoría —cada persona incrédula de todos los tiempos que rechazó el ofrecimiento
gratuito de salvación a través de la cruz de Cristo— se presentará
delante del Señor ya sabiendo que sus nombres no estarán escritos allí. ¡Qué tragedia!

UNA TRIBULACIÓN DE MISERICORDIA

El orden establecido de Dios necesita la tribulación. Es esencial para el segundo nacimiento de los judíos y el juicio de los gentiles. Es un paso crítico en la destrucción final del gran enemigo de Dios y toda su creación, Satanás. Pero hay un elemento más en el orden de Dios que necesita este tiempo trágico de tormenta: la misericordia infinita de Dios.

Sé que es difícil imaginarse la tribulación como una demostración de la misericordia de Dios. Aun así, hemos visto cómo es que a través de la prueba de siete años que todo Israel eventualmente recibirá a su Mesías. En tiempos de sufrimiento, la gente reacciona típicamente de una de dos maneras: como resultado de su dolor, algunos huyen de Dios, culpándolo por todas sus luchas; otros, en cambio, corren hacia Dios, buscando su ayuda, fuerza y misericordia.

La segunda carta de Pedro fue escrita para los cristianos que están bajo presión. Ellos estaban sufriendo la persecución de los que los rodeaban; estaban ansiosos por el regreso de Cristo, preguntándose por qué no había regresado todavía a salvarlos de sus hostigadores. Pero Pedro les ofrece otra perspectiva cuando escribe:

> Mas, oh amados, no ignoréis esto: que para con el Señor un día es como mil años, y mil años como un día. El Señor no retarda su promesa, según algunos la tienen por tardanza, sino que es paciente para con nosotros, no queriendo que ninguno perezca, sino que todos procedan al arrepentimiento (2 Pedro 3:8-9).

No era solamente el tiempo lo que permitía el arrepentimiento, sino las pruebas las que los acercaban a la salvación.

¿Cuántos de esos santos de la tribulación habrían sido salvos sin las pruebas de la tribulación? Algunos, tan pronto como acontezca el rapto, comprenderán que aquellas historias que habían escuchado de sus amigos cristianos eran ciertas. Otros necesitarán devastación tras devastación antes de que finalmente puedan volver sus corazones a Dios. La mayoría nunca se arrepentirá, prefiriendo quedarse en su estado de rebeldía. Pero Dios le está dando a la humanidad siete años de intenso sufrimiento con el fin de que ellos tomen esa decisión.

¿Ha comenzado el Apocalipsis? ¿Se ha iniciado la tribulación? No, y gracias a Dios que no. Todavía hay tiempo para que amigos y familiares —y quizás tú mismo— entreguen su corazón a Jesucristo. Si lo haces ahora, algún día serás parte del rapto de la iglesia y, por ende, tendrás la garantía de que no sufrirás el gran día de la ira de Dios.

El Señor podía haberse saltado la tribulación. Podría simplemente haber dicho: "Estoy cansado de ustedes, rebeldes, sean judíos o gentiles. Están destinados al infierno, así que mejor vayan ahora mismo". En cambio, dará una última prórroga de siete años, diciéndole a la humanidad: "Ahora es el día de salvación. Vengan a mí hoy, porque pronto será demasiado tarde".

5

EL DÍA DE LA PARTIDA

Rapto.

Esta palabra está en la posición número tres de los "Temas que más han dividido a la iglesia", justo después de la vacunación contra el COVID-19 y los libros de Harry Potter. Se han separado amistades; pastores y profesores de seminario han sido ridiculizados, y congregaciones enteras se han polarizado. "¿Tú crees en el rapto? ¿Sabías que nadie había oído sobre él hasta John Darby en el siglo xix?"; "¿Tú *no* crees en el rapto? ¿Alguna vez leíste la Biblia?".

Entre la elite ilustrada es más probable que se hayan lanzado más puñetazos teológicos sobre este tema que sobre ningún otro en los siglos xx y xxi. Seguramente supera incluso la Teoría del Reemplazo versus el Dispensacionalismo, y los debates del premilenialismo versus el postmilenialismo, tema número uno de incontables peleas bíblicas eruditas al nivel de pay-per-view.

Pero a diferencia de los tópicos de Reemplazo/Dispensacionalismo y los asuntos mileniales, que a veces pueden ser un poquito más intelectuales, el debate acerca del arrebatamiento es para las masas. Parece ser que cada Amós, Lev y Shlomo tienen su propia opinión al respecto. ¿Es real o no? Y si lo es, ¿tiene lugar antes, en medio o después de la tribulación? E incluso dentro de esas categorías hay una multitud de opciones: pre-ira, parcial, post. Tratar de entender la postura de cada uno en el rapto puede ser como tratar de concretar el pedido de Starbucks de toda la oficina. "Espera, ¿tú eras un Ryrie pre-trib, pre-mil dispensacionalista con un toque extra de qué?". Puede ponerse tan confuso que muchos acaban por levantar sus manos diciendo: "¿Cómo sabremos?".

Cuando los cristianos se dan por vencidos con el rapto, es triste y a la vez es una victoria para el enemigo. El arrebatamiento está envuelto en esperanza en la misericordia de Dios. Satanás, que siempre quiere lo contrario a lo que Dios quiere, desea robar esa esperanza y reemplazarla con miedo.

Imagina vivir en una ciudad costera. Un hombre se acerca a ti en la calle y te dice que un tsunami está a punto de avanzar y que arrasará toda el área. Antes de entrar en pánico, además, agrega señalando a su izquierda: "Pero tengo una flota de helicópteros estacionados a una cuadra de aquí. Hay lugar para ti y para todos los que logres convencer de que vengan". ¿Qué emociones se te cruzarían? ¿Tristeza porque la ciudad que amas está a punto de ser destruida? ¿Preocupación porque tus amigos y vecinos no acepten tu invitación a los helicópteros de rescate? La única emoción que no deberías sentir es temor por tu seguridad personal. ¿Por qué? Porque sabes que estarás bien, ya que los helicópteros te están esperando para alejarte del peligro.

La tribulación está llegando. Pero no solo Dios proveyó un medio para que escapemos de ella, sino que claramente nos mostró su plan para que no tuviéramos temor. El plan es el rapto.

Es un regalo maravilloso de nuestro amoroso y misericordioso Dios que debería darnos esperanza y paz. Debería motivarnos a hacerles saber a otros que también pueden escapar de la ira venidera, y unirse a nosotros en vivir hoy sin miedo al futuro.

UN RAPTO BÍBLICO

Si buscas los mejores hoteles para quedarte en Tiberíades, los restaurantes más asequibles en Eilat o la ruta más rápida a Cesarea de Filipo, has encontrado a la persona indicada. Fui guía de turismo el tiempo suficiente como para que confíes en que no te voy a dirigir mal. No obstante, si se trata de doctrina bíblica, no deberías confiar en mis palabras. De hecho, no deberías confiar en las de ninguna persona. La única palabra autorizada es la palabra de Dios. Así que, creer en un arrebatamiento solo porque yo diga que es cierto no es demasiado bueno. Miremos lo que dice la Biblia al respecto.

Como mencioné brevemente en el capítulo 1, el rapto es un concepto bíblico. No es una nueva idea soñada por los dispensacionalistas para justificar su escatología. *Escatología* es el término que se usa en el seminario para referirse a los "tiempos finales". En el Nuevo Testamento griego original es la palabra *harpazo*, que significa "arrancar, sujetar, arrastrar". Se utiliza catorce veces en el Nuevo Testamento, y cuatro de esas veces se refieren al movimiento sobrenatural de una persona de una locación a otra.

Cuando se emplea en el caso de Felipe, está claro que después de que hubo finalizado de bautizar al eunuco etíope, el Espíritu del Señor lo arrebató del agua y lo depositó en otra parte:

Cuando subieron del agua, el Espíritu del Señor arrebató a Felipe; y el eunuco no le vio más, y siguió gozoso su camino. Pero Felipe se encontró en Azoto; y pasando, anunciaba el evangelio en todas las ciudades, hasta que llegó a Cesarea (Hechos 8:39-40).

El mismo "arrebato" espiritual se encuentra en la señal de la mujer, el niño y el dragón que se describen en Apocalipsis 12. Después que la mujer dio a luz, su hijo fue sobrenaturalmente "arrebatado para Dios y para su trono" (v. 5).

Otro hombre que fue "arrebatado" al cielo fue el apóstol Pablo:

Conozco a un hombre en Cristo, que hace catorce años (si en el cuerpo, no lo sé; si fuera del cuerpo, no lo sé; Dios lo sabe) fue arrebatado hasta el tercer cielo. Y conozco al tal hombre (si en el cuerpo, o fuera del cuerpo, no lo sé; Dios lo sabe), que fue arrebatado al paraíso, donde oyó palabras inefables que no le es dado al hombre expresar (2 Corintios 12:2-4).

Escuché a gente que trataba de descalificar este pasaje diciendo: "¿Cómo podemos saber siquiera que Pablo estaba hablando de él mismo? ¿Por qué sería tan reservado? Además, por las palabras que usa, esto bien podría ser alguna clase de visión que Pablo hubiera tenido". Mi respuesta es: "¿Y…?". Yo creo que este era Pablo, y que se le concedió el privilegio de entrar en el salón del trono de Dios. Pero incluso si fue solo una visión que quizás le ocurrió al primo de Pablo, que vivía en un suburbio de Antioquía, ¿eso cambia el significado de esta expresión "arrebatado"? El hombre estaba en la Tierra y de repente fue llevado al cielo. Esos hechos son indiscutibles.

Así que cuando miramos los sucesos descritos en 1 Tesalonicenses 4 sobre los cristianos que serán "arrebatados" para encontrarse con Jesús en las nubes, ¿cómo podemos interpretar *harpazo* como cualquier otra cosa que no sea un arrebatamiento sobrenatural de la iglesia por parte del Espíritu del Señor?

> Porque el Señor mismo con voz de mando, con voz de arcángel, y con trompeta de Dios, descenderá del cielo; y los muertos en Cristo resucitarán primero. Luego nosotros los que vivimos, los que hayamos quedado, seremos arrebatados juntamente con ellos en las nubes para recibir al Señor en el aire, y así estaremos siempre con el Señor (1 Tesalonicenses 4:16-17).

Aquí Pablo empleó la palabra griega *harpazo*, que se tradujo al latín *rapturo*, del cual deriva nuestra palabra castellana *rapto*. Algunos críticos bíblicos y teólogos liberales dirán: "Oh, 1 Tesalonicenses es Pablo volviendo a escribir, como es el caso de tres de los cinco usos de 'arrebatamiento'. Jesús nunca creyó en un rapto; esto es evidentemente una adición paulina".

Dame un momento para que quite mi mano de mi rostro. Si esta es tu postura, el problema no es conmigo, sino con la Biblia. Hay una sola verdad: la de Dios. No hay una verdad de Pablo, una verdad de Pedro, una verdad de Juan y una verdad de la tía Gertrudis. La Biblia es un libro de verdad, y la misma es consistente de tapa a tapa. Pablo nunca contradijo a Jesús, ni Pedro contradijo a Moisés. Si cada uno de los ejemplos que brindo para sostener mi teoría es del pequeño libro de Abdías, eso no hace que sea menos verdadero o consistente con el resto de las Escrituras.

Si tu preocupación, en cambio, es que es una selección muy limitada como para construir una doctrina de ella, deberías saber que no todas las instancias en que se utiliza el término "arrebatar" usan esta palabra específica. Enoc, el tatarabuelo de Noé, "anduvo fielmente con Dios, un día desapareció porque Dios se lo llevó" (Génesis 5:24, NVI). El profeta Elías y su aparente heredero, Eliseo, estaban de paseo al otro lado del Jordán cuando "de pronto, los separó un carro de fuego con caballos de fuego, y Elías subió al cielo en medio de un torbellino" (2 Reyes 2:11, NVI). Jesús, después de resucitar, llevó a los discípulos al Monte de los Olivos. Luego de bendecirlos, "se separó de ellos, y fue llevado arriba al cielo" (Lucas 24:51).

Puede haber diferentes velocidades y métodos, pero cada episodio tiene en común el hecho de que una persona estaba en la Tierra y fue arrebatada por el Espíritu del Señor y, además del caso de Felipe, terminó en el cielo. Este es el proceso que se nos promete a nosotros, la iglesia, en 1 Tesalonicenses 4.

Imagina que estás sentado en tu sillón favorito en tu casa. Agarras el control remoto de la televisión, sientes un pequeño zumbido en tu cuerpo, y de pronto estás moviéndote. Pero tu trayecto no es horizontal ni hacia abajo, como es normal en un mundo con gravedad. En cambio, estás yendo hacia arriba, atravesando el cielorraso y el techo, lo cual es un poco extraño porque no recuerdas haber traspasado un objeto sólido anteriormente sin dejar atrás una clara señal de tu camino. Mientras vuelas, te das cuenta de que sientes algo diferente en tu cuerpo. Todos esos dolores y achaques de la edad se han ido por completo. No te has sentido tan bien desde que tenías veinte años. A medida que tu mirada se aleja y tu casa se va encogiendo a tu vista, alzas la mirada hacia tu destino. Sabes quién te espera. Sabes que estás a punto de experimentar lo que siempre has soñado desde que te arrodillaste junto a tu cama hace años atrás y recibiste a Jesús como tu Señor y Salvador. Entonces lo ves, y de repente el mundo abajo desapareció, y los millones que vuelan hacia arriba a tu alrededor se desvanecen. Están solo tú y Él, cuando de pronto abre sus brazos para recibirte.

¿Es así como será el rapto? Tal vez sí, tal vez no. Todo ese mirar alrededor de ti probablemente ocurra en una fracción de segundo, pero aun así es divertido pensar en ello. Las cosas que Dios no aclara en las Escrituras son suelo abierto para nuestra imaginación fértil, siempre y cuando nos aseguremos de que el cubo de la verdad escritural y el cubo de la imaginación no mezclen sus contenidos. Lo que sí sabemos es que el arrebatamiento será una experiencia de una sola vez en toda la eternidad, y será espectacular. Si eso no te trae gozo y esperanza, ¡entonces tu generador de gozo y esperanza necesita reparación!

¿Por qué un rapto? Salvos de la ira

Habiendo establecido el rapto como un hecho, ahora podemos avanzar hacia la pregunta más importante: ¿por qué? Seguro es un evento increíble y ciertamente suena como algo muy divertido, pero ¿cuál es el propósito final para que el Espíritu realice este rapto de creyentes? Al determinar las razones del rapto, mucha de la "extrañeza" del evento se disipará y será reemplazada con un sentimiento de "Ah, bueno, esto tiene sentido". Resolver la cuestión del *por qué* también destrabará las respuestas a otras dos cuestiones cruciales: *quién* y *cuándo*. Trataremos ligeramente el *cuándo* aquí mismo, pero profundizaremos en ello en el próximo capítulo.

¿Qué hemos aprendido hasta aquí? El corazón rebelde de la humanidad la condujo al pecado. La paga del pecado es muerte, física y espiritual. Pero Dios proveyó un medio para salvarnos de la muerte espiritual. Jesús murió por nosotros, y con su sangre derramada lavó nuestros pecados. Este don gratuito está disponible para todos los que deseen recibirlo. Ahora mismo, Dios está teniendo una paciencia infinita al esperar que más y más personas elijan la vida eterna con Él. No obstante, finalmente un día la paciencia se le acabará y derramará su ira. La ira será desatada por dos razones principales: primero, para disciplinar a los judíos y llevarlos al arrepentimiento, y segundo, para castigar a los que continúan en su rebelión contra Él. Luego hay otro producto más de la tribulación que podemos conjeturar. En un glorioso acto de la misericordia de Dios, los siete años de tribulación les dará a los gentiles una última oportunidad de volverse a Él.

Respecto de esas tres razones, ¿en dónde entran los creyentes? El motivo número uno y el tres no encajan, porque sea judío o gentil, un verdadero cristiano ya se ha arrepentido y ha llegado a la salvación por la fe en Jesucristo. ¿La tribulación nos hará arrepentir aún más y ser más salvos de lo que ya éramos? Obviamente esto no tiene ningún sentido. Ser salvos es como estar embarazados: o lo estás o no lo estás.

Eso nos deja con el motivo número dos: el castigo por la rebelión. Es allí donde algunos cristianos opinan; creen que la iglesia necesita pasar por la tribulación por uno de dos propósitos. Algunos miran la iglesia actual y dicen: "Estamos tan lejos de la pureza de la iglesia del primer siglo y hemos permitido que el pecado entre de tal manera bajando los estándares de moralidad, que merecemos pasar los siete años de sufrimiento y disciplina". Pero, primero, toma un tiempo para leer Apocalipsis 2 y 3, y tal vez échale un vistazo a 1 Corintios. La iglesia del primer siglo no era tan pura, después de todo.

Y en cuanto a bajar los estándares, puede ser cierto o no. Yo tiendo a pensar que la verdadera iglesia está en un lugar bastante bueno. Recuerda: no toda organización que se autodenomina iglesia es parte de la iglesia verdadera. Yo puedo decir que soy el mejor jugador de fútbol de todos los tiempos, pero eso no significa que le voy a quitar el puesto a Cristiano Ronaldo. La iglesia está compuesta por gente, no son edificios o denominaciones. Hay muchas congregaciones que se reúnen en edificios de "iglesia" los domingos para escuchar sermones insípidos apoyados en pasajes de la Escritura que están fuera de contexto. La gente hace esto para poder sentirse un poco mejor con sus vidas en bancarrota moral. Oscilan entre los siervos de Satanás que se llaman a sí mismos pastores y les dicen que todo lo que importa es que sean honestos consigo mismos. Esa no es la iglesia.

La iglesia está formada por seguidores de Jesucristo que todavía viven en este mundo contaminado por el pecado y visten estos cuerpos de carne lujuriosa. Por lo tanto, siempre habrá cristianos en todos los niveles de compromiso espiritual. Algunos serán apasionados por el Señor, otros serán siervos buenos y consistentes en su iglesia local, y otros se salvarán "así como por fuego" (1 Corintios 3:15). La única esperanza que cada creyente tiene es ser un pecador salvado por gracia, con todos sus pecados —presentes, pasados y futuros— resueltos por Jesús en la cruz. En tanto nuestros pecados han sido perdonados, no hay razón para que experimentemos siete años de limpieza purgatoria aquí en la Tierra. Nuestras transgresiones se han ido.

No hay razón para "purificar" a la iglesia, la novia, antes de la venida nupcial de Jesucristo, el Novio, como algunos acostumbran a decir. Ellos señalan las palabras de Pablo a los corintios

—"Porque os celo con celo de Dios; pues os he desposado con un solo esposo, para presentaros *como* una virgen pura a Cristo" (2 Corintios 11:2)— y dicen: "La iglesia no es una virgen pura ahora mismo, entonces debe ser purificada a través de la tribulación". Yo no soy ni biólogo ni médico, pero puedo afirmar que no hay cantidad de sufrimiento o tribulación que pueda revertir el estado de no virginidad al de virginidad.

Otros miran Efesios 5, diciendo que la manera en que Jesús "santificará y lavará" a su esposa es a través de la tribulación. Tenemos que mirar esto en su contexto pleno:

> Maridos, amad a vuestras mujeres, así como Cristo amó a la iglesia, y se entregó a sí mismo por ella, para santificarla, habiéndola purificado en el lavamiento del agua por la palabra, a fin de presentársela a sí mismo, una iglesia gloriosa, que no tuviese mancha ni arruga ni cosa semejante, sino que fuese santa y sin mancha (vv. 25-27).

El contexto es el matrimonio, y Pablo dijo que los esposos debían seguir el ejemplo de Cristo. Si Jesús ha de purificar a su novia a través de la tribulación, ¿entonces eso significa que la mejor manera de que los esposos cristianos santifiquen y limpien a sus esposas es a través del sufrimiento y la violencia? ¡Dios nos libre!

¿Qué estaba diciendo Pablo? La respuesta está dentro del mismo texto. La santificación y limpieza será hecha a través del "lavamiento del agua por la palabra". Del mismo modo que Jesús llevó a la iglesia a una mayor santificación a través de su sacrificio y su liderazgo espiritual por medio de sus enseñanzas, un esposo llevará a su esposa a una vida más profunda con el Señor a través de su sacrificio personal por ella y su compromiso a ser el líder espiritual del hogar, alguien que está comprometido a enseñar la Biblia tanto en acción como en palabra. De veras, se precisa una camionada de malas interpretaciones bíblicas para ver la tribulación en alguno de esos pasajes.

Lo que se reduce a que, a pesar de nuestras rebeliones ocasionales y acciones pecaminosas, nosotros los creyentes no fuimos destinados a la ira.

> Porque no nos ha puesto Dios para ira, sino para alcanzar salvación por medio de nuestro Señor Jesucristo, quien murió por nosotros para que ya sea que velemos, o que durmamos, vivamos juntamente con él (1 Tesalonicenses 5:9-10).

No hay una razón *bíblica* para que experimentemos la ira de Dios. No hay razones *lógicas* para que experimentemos su ira. Y, por causa de la obra completa de Cristo en la cruz, no hay motivos *espirituales* para que experimentemos su ira. Así que, en vez de andar temiendo la tribulación que pronto vendrá sobre la Tierra podemos, junto con los tesalonicenses, "esperar de los cielos a su Hijo, al cual resucitó de los muertos, a Jesús, quien nos libra de la ira venidera" (1 Tesalonicenses 1:10).

¿Por qué un rapto? Para estar con Jesús

La noche en que Jesús fue arrestado, Él y sus discípulos estaban recostados en el aposento alto. Las llamas parpadeantes de las lámparas de aceite eran suficientes para iluminar a los que estaban a la mesa, aunque las esquinas del cuarto estaban algo oscuras. Había sido una noche buena, pero algo extraña. Durante la comida, Jesús, de repente, se había puesto de pie y le había lavado los pies a cada uno, diciéndoles que les estaba dejando un ejemplo de cómo debían verse los unos a los otros. Luego empezó a hablar sobre traición, tras lo cual Judas abandonó súbitamente la habitación.

A continuación, Jesús comenzó a decirles que se amaran unos a otros porque Él estaba a punto de irse a un lugar que aparentemente estaba fuera del alcance de todos ellos. No es de sorprender que Pedro no estuviera de acuerdo. "Donde Tú vayas yo iré. Tú necesitas mi protección, y yo daré mi vida por ti". Muy propio de Pedro. Pero luego Jesús dio un giro inesperado, con un soplo que quitó todo el aire del lugar. Le dijo a Pedro que esa misma noche lo iba a negar tres veces.

Podrías haber oído el sonido de un alfiler cayendo en el suelo. Los ojos de todos estaban sobre el enrojecido rostro de Pedro, mientras temblaba de pena y furia. Luego Jesús se aclaró la garganta y todos se volvieron a Él. Sonrió con una sonrisa tranquilizadora que decía: "No importa si una legión romana entera viene tras ustedes; son míos". Inmediatamente la tensión abandonó la sala y Él les dijo a ellos (y a nosotros):

> No se turbe vuestro corazón; creéis en Dios, creed también en mí. En la casa de mi Padre muchas moradas hay; si así no fuera, yo os lo hubiera dicho; voy, pues, a preparar lugar para vosotros. Y si me fuere y os preparare lugar, vendré otra vez, y os tomaré a mí mismo, para que donde yo estoy, vosotros también estéis (Juan 14:1-3).

¡Qué palabras asombrosas el Señor les habló a sus discípulos y, en última instancia, a nosotros, la iglesia! Primero, Jesús dijo que iba a preparar un lugar para ellos. ¿Qué te dice eso? Significa que iba a dejarlos, pero que llegaría el día en que se reencontrarían en el lugar adonde Él estaba de camino.

Imagina si le dijera a mi amada esposa que me voy a Haifa en el Mediterráneo, y que allí construiré una pequeña casa de vacaciones. Le haría a la casa una cocina enorme y la decoraría con el estilo que, después de tantos años de casados, sé bien que le encanta. Una vez terminada la obra y ya lista la pequeña casa de playa, ella me preguntaría, lógicamente: "¿Cuándo voy a ir a conocerla?". ¿Qué sentido tendría si yo le dijera: "Ah no, no era para que fueras a quedarte. Pensé que estarías feliz con solo saber que la casa está ahí"?

Cuando Jesús dijo que estaba preparando un lugar para sus discípulos, la conclusión lógica es que un día los llevaría a ese lugar y podrían disfrutar juntos los frutos de su esfuerzo.

Jesús también les dijo que regresaría. No está enviándoles la dirección en un mensaje de texto para que la pongan en los GPS de sus celulares. No está enviando un chofer a recogerlos. Está haciendo personalmente el viaje. Los deja, pero luego vuelve por ellos.

¿Qué hará cuando regrese? Los recibirá en persona. No ellos a Él. Jesús no vendrá a la Tierra, donde han preparado un lugar para Él. No habrá un asado de "bienvenido a casa" con una banda tocando en vivo y fuegos artificiales. Todo lo contrario. Recuerda lo que escribió Pablo sobre esta ocasión: "Luego nosotros los que vivimos, los que hayamos quedado, seremos arrebatados juntamente con ellos en las nubes para recibir al Señor en el aire, y así estaremos siempre con el Señor" (1 Tesalonicenses 4:17). Él vendrá en las nubes y nosotros iremos hacia Él.

Observa la última frase de Jesús en el pasaje de Juan y la última frase de Pablo en las palabras que acabamos de leer. Ambos dicen esencialmente lo mismo: "Donde yo esté, ustedes estarán. Y así es como va a ser por la eternidad". Una vez más, Él no dice: "Donde ustedes estén, yo estaré". Él no es la persona pasiva en la relación. No va a andar siguiéndonos por todas partes para poder estar siempre juntos. No, nosotros vamos a reunirnos con Él en las nubes para poder ir con Él adonde Él reside. ¿Y dónde es eso? En el cielo, claro, donde fue a preparar un lugar para nosotros.

¡Gloria a Dios! Una vez que esto acontezca, no solo los discípulos sino la iglesia entera estará con Jesús para siempre. Esa es la razón por la que Pablo pudo escribir esta bendición:

> Y el Señor os haga crecer y abundar en amor unos para con otros y para con todos, como también lo hacemos nosotros para con vosotros, para que sean afirmados vuestros corazones, irreprensibles en santidad delante de Dios nuestro Padre, en la venida de nuestro Señor Jesucristo con todos sus santos (1 Tesalonicenses 3:12-13).

La segunda venida de Jesús a la Tierra no es lo mismo que el rapto. A menos que tu imagen de la iglesia reuniéndose con Jesús en las nubes sea como ascender a la parte más alta de la escalera mecánica, solo para dar dos pasos hacia arriba y luego retroceder hacia abajo, entonces el combo del rapto/segunda venida carece de todo sentido lógico. Seremos arrebatados para estar con Jesús y Él nos llevará consigo al lugar que ha preparado para nosotros. Entonces, cuando sea la hora de su regreso a la Tierra, volverá con nosotros, la iglesia, a la que en el pasaje anterior se refiere como "todos los santos".

¿Por qué un rapto? Para llevar a cabo el juicio Bema

Ya examinamos este evento en el capítulo anterior. Es el juicio de recompensas a la iglesia. ¿Cómo sabemos que el trono Bema no es otra forma de referirse al Juicio del Gran Trono Blanco, que es el juicio definitivo de salvación? Miremos una vez más lo que Pablo dice sobre el Bema, aquí traducido como "el tribunal de Cristo":

> Por eso nos empeñamos en agradarle, ya sea que vivamos en nuestro cuerpo o que lo hayamos dejado. Porque es necesario que todos comparezcamos ante el tribunal de Cristo, para que cada uno reciba lo que le corresponda, según lo bueno o malo que haya hecho mientras vivió en el cuerpo (2 Corintios 5:9-10, NVI).

Pablo dice que deseamos hacer lo correcto para el Señor; deseamos servirle y vivir del modo que quiere que vivamos, para "agradarle". Al igual que los niños que desean que sus padres estén orgullosos de ellos, también nosotros buscamos la aprobación de Jesús el Mesías. Luego introduce la palabra "porque". Eso significa que Pablo está a punto de darnos una explicación. "Vivimos para complacerlo, porque/a causa de/ya que esto es cierto". En esta segunda oración, escribió que nos esforzamos por servir y vivir para Jesús, porque sabemos que viene un juicio.

Por ese motivo, el Bema no puede ser un juicio para salvación. De otro modo, Pablo estaría diciendo que vivimos justamente porque sabemos que viene un juicio, y si no alcanzamos los estándares morales de Dios, estamos destinados al infierno.

Esa sería pura salvación por obras. Podríamos también estar bajo la ley porque Jesús habría muerto por nada.

No, nuestra salvación no se basa en nada de lo que hagamos, antes o después de recibirlo como nuestro Señor y Salvador. No podemos ser lo suficientemente buenos para ganarnos la salvación y no podemos ser lo suficientemente malos como para perderla. De otro modo, la salvación sería algo "mío" y no de Jesús. "Yo gano mi redención y depende de mi buena conducta el conservarla". El viejo himno suena: "Mi esperanza está en Jesús, y su justicia por la cruz".

Es solo a través de la fe en Jesús que recibiremos la gracia, misericordia y perdón que traen la salvación. El Juicio del Gran Trono Blanco es el juicio para salvación en que los libros serán abiertos. El Bema es donde la gente que forma parte de la iglesia recibirá su recompensa por su servicio santo al Señor.

Así que, como iglesia, esperamos el día en que oigamos la voz de Dios resonando para unirnos a Él. Uso el término *resonar* por una razón. ¿Qué oyó Juan cuando fue llamado al cielo para ser testigo de los eventos del Apocalipsis? "Después de esto miré, y he aquí una puerta abierta en el cielo; y la primera voz que oí, como de trompeta, hablando conmigo, dijo: Sube acá, y yo te mostraré las cosas que sucederán después de estas" (Apocalipsis 4:1). ¿Qué hace una trompeta? Llama la atención de la gente con la intensidad y el volumen de su sonido. La voz que Juan oyó tenía esa clase de intensidad cuando lo llamó diciéndole "sube acá".

Es la misma voz poderosa que todavía resuena en la resurrección de los dos testigos haciendo el mismo llamado: "Y oyeron una gran voz del cielo, que les decía: Subid acá. Y subieron al cielo en una nube; y sus enemigos los vieron" (Apocalipsis 11:12). ¿Quién está detrás de esta orden de voz potente como una trompeta? Es el Señor mismo, como nos informa Pablo, en su escrito: "Porque el Señor mismo con voz de mando, con voz de arcángel, y con trompeta de Dios, descenderá del cielo; y los muertos en Cristo resucitarán primero" (1 Tesalonicenses 4:16). ¿Qué es la trompeta de Dios? Es la voz del Señor llamando a su iglesia a "subir acá" y unirse a Él por toda la eternidad.

¿Cuándo tiene lugar este juicio de recompensas? No puede ser durante el trascurso de esta vida. No conozco a nadie que haya sido llamado a comparecer ante esta corte espiritual. Cuando Juan describió el regreso de la novia a la Tierra con el Novio, afirmó: "Y a ella se le ha concedido que se vista de lino fino, limpio y resplandeciente; porque el lino fino es las acciones justas de los santos" (Apocalipsis 19:8). Esto describe a una iglesia cuyas acciones ya han sido juzgadas y cuyos actos de servicio han sido declarados justos y han sido recompensados.

Por lo tanto, el Bema tiene que estar situado entre el tiempo del arrebatamiento y la segunda venida. Jesús mismo lo confirmó al cerrar las Escrituras con esta frase: "He aquí yo vengo pronto, y mi galardón conmigo, para recompensar a cada uno según sea su obra" (Apocalipsis 22:12). Cuando Jesús venga en las nubes a encontrarse con su iglesia, estará plenamente preparado para recompensar a cada persona por sus actos justos en el juicio Bema que viene.

¿Por qué un rapto? Para que suenen las campanas de boda

Todavía me acuerdo de la imagen de mi esposa caminando por el pasillo alfombrado para encontrarse conmigo en el altar en nuestra boda. Estaba tan hermosa, y yo me sentía sobrecogido porque esta bella mujer estaba caminando hacia el frente para elegirme como su esposo. Es probable que los casados que leen esto también recuerden ese momento del pasillo en su propia boda. Ya sea que fueras el novio en el altar mirando a la novia venir o que fueras la novia dirigiéndose a entregarse a su esposo, es un tiempo sagrado, solemne y gozoso.

Esa es la imagen del rapto. Anteriormente leímos las palabras de Pablo sobre la iglesia presentándose a Jesús como una virgen casta. Este es ese momento de presentación. Nosotros, la novia, estamos marchando a encontrarnos con nuestro Novio. Y así como Dios tuvo la intención de que fuera en el matrimonio humano, estaremos con el Novio, y nunca más nos separaremos.

Hay un debate sobre si el matrimonio tendrá lugar en el cielo o en la Tierra. Juan describió ese evento diciendo:

> Y oí como la voz de una gran multitud, como el estruendo de muchas aguas, y como la voz de grandes truenos, que decía: ¡Aleluya, porque el Señor nuestro Dios Todopoderoso reina! Gocémonos y alegrémonos y démosle gloria; porque han llegado las bodas del Cordero, y su esposa se ha preparado. Y a ella se le ha concedido que se vista de lino fino, limpio y resplandeciente; porque el lino fino es las acciones justas de los santos. Y el ángel me dijo: Escribe: Bienaventurados los que son llamados a la cena de las bodas del Cordero (Apocalipsis 19:6-9).

Que la boda sea en el cielo tiene sentido. Jesús atraerá a su novia a sí mismo. Él proveerá lugares para que ella viva. La novia regresará con Él a la Tierra en la segunda venida. Además, piensa en cómo se verá Jesús cuando regrese. Como leímos anteriormente en Apocalipsis 19:11-16, volverá como el Rey Guerrero, listo para juzgar al mundo. Su túnica chorreará sangre y una espada saldrá de su boca. Yo sé que hay muchas costumbres diferentes en las bodas en todo el mundo, pero supongo que esta será singular.

En cuanto a la fiesta de celebración, puede continuar en el cielo con los santos del Antiguo Testamento aún no resucitados como los invitados bendecidos. O puede tener lugar en la Tierra con aquellos que no son de la iglesia, sino que son parte de la asistencia de la primera resurrección, incluyendo los ahora resucitados santos del Antiguo Testamento y los mártires de la tribulación. Gran parte del debate del tiempo y lugar de la boda viene de la historia que Jesús relató en Mateo 22.

Después de la entrada triunfal, los fariseos y los líderes espirituales vinieron tras Jesús con toda su fuerza. Con cada nueva incursión, eran abatidos. En medio de esos ataques Jesús contó una parábola, comenzando así: "El reino de los cielos es semejante a un rey que hizo fiesta de bodas a su hijo; y envió a sus siervos a llamar a los convidados a las bodas; mas estos no quisieron venir" (Mateo 22:2-3). Uno tras otro, dieron sus excusas de por qué no podían asistir a este evento especial. Entonces el rey envió a sus servidores a buscar más invitados, y esta vez la gente de la ciudad abusó e, incluso, mató a los mensajeros. Luego de oír sobre los maltratos que recibieron sus mensajeros, el rey, en un ataque de ira, mató a los asesinos y prendió fuego la ciudad.

Tras haber hecho justicia contra todos esos indignos, el rey todavía se encontraba con un problema: todavía tenía un banquete de bodas esperándolo, pero no quedaban invitados en la lista. Así que les dijo a sus sirvientes: "Las bodas a la verdad están preparadas; mas los que fueron convidados no eran dignos. Id, pues, a las salidas de los caminos, y llamad a las bodas a cuantos halléis" (vv. 8-9). Muy pronto el salón de fiesta estaba lleno.

Pero así no termina la historia. Cuando el rey llegó a la fiesta, vio a un hombre que no vestía una ropa adecuada para la ocasión. El monarca se encendió en ira, lo hizo capturar y les ordenó a sus siervos: "Echadle en las tinieblas de afuera; allí será el lloro y el crujir de dientes" (v. 13). Seré sincero contigo: cuando era un cristiano nuevo, el final inesperado de esta historia casi me hace perder la fe. Me parecía tan cruel y vengativo. No obstante, una vez que entendí la parábola comenzó a tener sentido.

Hay muchos que ven esta historia como una prueba de que Dios ha rechazado a Israel. Los judíos fueron invitados al gran banquete de bodas de Apocalipsis 19, pero rechazaron la invitación. Entonces Dios los sacó de su plan y, en cambio, invitó a la iglesia gentil a tomar su lugar. El problema es que la iglesia no está formada por invitados a la boda. ¡Nosotros somos la novia! ¿Por qué estaríamos recibiendo una invitación a nuestra propia boda? Este no es el banquete del cual se habla en Apocalipsis 19, entonces tenemos que sacarnos eso de la cabeza. No toda mención a un banquete en la Biblia es *el* banquete de bodas. Tenemos que mirarlo en el contexto. Aquí Jesús era atacado por los líderes religiosos, así que les dijo a sus oyentes: "Esos muchachos fueron invitados a la salvación, pero estaban demasiado ocupados en sus asuntos y haciendo las cosas a su manera. Ellos no escucharon a los mensajeros de Dios. Por lo tanto, Dios rechazó a esos líderes pretenciosos y abrió las puertas de su reino a las masas".

Es la misma acusación que Pablo levantó contra Israel cuando escribió:

Hermanos, ciertamente el anhelo de mi corazón, y mi oración a Dios por Israel, es para salvación. Porque yo les doy testimonio de que tienen celo de Dios, pero no conforme a ciencia. Porque ignorando la justicia de Dios, y procurando establecer la suya propia, no se han sujetado a la justicia de Dios; porque el fin de la ley es Cristo, para justicia a todo aquel que cree (Romanos 10:1-4).

Esa también es una descripción de ese hombre que vestía ropas que no eran las adecuadas. ¿Cuántas personas has visto o sabido —incluso en tu iglesia— que están viviendo el cristianismo "a su manera"? Tienen su visión especial sobre la salvación o su relación con Dios. Se niegan a celebrar la gracia simple de Dios como hizo Isaías: "En gran manera me gozaré en Jehová, mi alma se alegrará en mi Dios; porque me vistió con vestiduras de salvación, me rodeó de manto de justicia, como a novio me atavió, y como a novia adornada con sus joyas" (Isaías 61:10). Por lo tanto, el Señor los mira y les dice: "Les di un plan simple de salvación, el cual ustedes rehusaron vestir. Eso es rebeldía, lo cual es pecado. Disculpen, pero tienen que irse de aquí".

Todo eso para decir que no puedes usar Mateo 22 para el banquete de la boda, como muchos hacen. No era a eso a lo que Jesús se refería. Entonces, ¿cuándo y dónde será la boda? Será en el cielo, *antes* de que regresemos con el Señor en su segunda venida. ¿Cuándo será el banquete? Podría ser en el cielo durante la tribulación o en la Tierra durante el reino del milenio. Como la Biblia no es clara como el cristal, no puedo ser dogmático en esto. Además, el tiempo exacto es un punto secundario. Lo que importa es reconocer que en el rapto Jesús, el Novio, viene por su iglesia, la novia. Y una vez que estemos con Él, nuestra unión será eterna.

¿PARA QUIÉNES ES EL RAPTO?

¿Recuerdas que dije que, una vez que entendamos el *porqué* del rapto, sabremos el *quién* y el *cuándo*? Nuevamente, trataremos acerca del tiempo en el próximo capítulo y veremos varias miradas. En cuanto al *quién*, repasemos algunos puntos: salvados de la ira, llevados a estar con Jesús, el juicio Bema y la novia de Cristo. El rapto es indudablemente para la iglesia. No hay otra entidad o grupo de personas que hayan sido bendecidas con estas promesas.

El rapto le pertenece a la iglesia. Es la forma en que nuestro Salvador nos quitará de una situación terrible a la que no pertenecemos y nos llevará adonde pertenecemos. De hecho, el lugar adonde nos está llevando es uno que Él ha preparado especialmente para nosotros en el tiempo exacto. Con lo cual, si eres un creyente en Jesucristo, ¡debes emocionarte! El tiempo pronto viene cuando…

> el Señor mismo con voz de mando, con voz de arcángel, y con trompeta de Dios, descenderá del cielo; y los muertos en Cristo resucitarán primero. Luego nosotros los que vivimos, los que hayamos quedado, seremos arrebatados juntamente con ellos en las nubes para recibir al Señor en el aire, y así estaremos siempre con el Señor (1 Tesalonicenses 4:16-17).

6

CUESTIÓN DE TIEMPO

Hay pocas cosas que la gente religiosa disfrute más que encontrar razones para dividir. El islam tiene los sunitas y los chiitas. En el budismo encuentras a los theravada y a los mahayana, junto con una multitud de otras denominaciones. En el cristianismo hay tantas denominaciones como se te ocurran, algunas de las cuales son fuertemente evangélicas en sus creencias y otras que posiblemente tienen menos que ver con el cristianismo verdadero que los budistas theravada.

El apóstol Pablo entendía este amor a la división y sabía cómo aprovecharlo. Después de ser arrestado en Jerusalén, Pablo fue llevado ante los sumos sacerdotes y su concilio. Al comparecer ante esta hostil audiencia, el comandante romano le dijo que expusiera su caso. Pablo sabía que no había forma de obtener un juicio justo con esta diversa multitud, así que, en cambio, decidió evocar una pequeña controversia religiosa:

> Entonces Pablo, notando que una parte era de saduceos y otra
> de fariseos, alzó la voz en el concilio: Varones hermanos, yo soy

fariseo, hijo de fariseo; acerca de la esperanza y de la resurrección de los muertos se me juzga. Cuando dijo esto, se produjo disensión entre los fariseos y los saduceos, y la asamblea se dividió. Porque los saduceos dicen que no hay resurrección, ni ángel, ni espíritu; pero los fariseos afirman estas cosas. Y hubo un gran vocerío; y levantándose los escribas de la parte de los fariseos, contendían, diciendo: Ningún mal hallamos en este hombre; que si un espíritu le ha hablado, o un ángel, no resistamos a Dios (Hechos 23:6-9).

¡Esa fue una jugada brillante! Pablo sabía que las únicas personas que esos dos grupos odiaban más eran a los otros. Una vez que el apóstol les recordó sus propias diferencias doctrinales, los fariseos se olvidaron de cuánto querían matarlo y en realidad comenzaron a defenderlo. Dios debe menear la cabeza cuando ve algunas de las divisiones que ocurren entre aquellos que lo confiesan a Él.

Desafortunadamente, el tema que estoy a punto de tocar ahora es, en muchos círculos, algo parecido a gritar "¡Resurrección!" en una muchedumbre llena de saduceos. ¿Cuándo, en relación con la tribulación, ocurrirá el rapto? ¿Será antes de la tribulación, durante ella, a lo largo de toda ella o después? A veces el debate se puede poner tan caliente que la gente prefiere no tocar este tema para nada. "¿No es innecesario e insignificante? En realidad, no importa lo que creamos; pronto lo averiguaremos".

Pero no es una discusión insignificante. El tiempo del arrebatamiento es muy importante. Nos dice mucho acerca de quién es Dios y cómo trata a aquellos que lo siguen. También es un factor determinante cómo pasaremos el tiempo que nos queda acá en la Tierra. Si el rapto puede ocurrir en cualquier momento, entonces deberíamos tener un sentido de urgencia sobre cómo pasar el tiempo. Si sabemos que nos quedan muchos años, esa misma llama no será avivada.

Tras haber leído hasta aquí en este libro, no te sorprenderá que yo crea en el rapto pretribulación, lo que quiere decir que acontecerá antes de que empiece la tribulación. Sé que hay muchos otros por ahí que creen lo mismo que yo. Pero a menudo algunos de ellos no saben cómo defender su creencia. En el momento en que leen un versículo que no entienden, o así que alguien maliciosamente les dice que nadie creía en un rapto pretribulación antes de que John Darby saliera con la idea en el siglo XIX, entran en pánico o se desaniman. Esto es perfectamente entendible si nunca has estudiado la materia. Mi objetivo en este capítulo es que entiendas no solo cuáles son las otras teorías respecto del arrebatamiento, sino por qué la pretribulacionista es la única que encaja tanto con las Escrituras como con el carácter de Dios.

Comentario al margen, me convertí en un creyente en el rapto pretribulación, no porque alguien me lo haya enseñado, sino porque estudié la Biblia. De hecho, una vez que supe de Darby y leí sus cosas, pensé: "Guau, ¡él cree lo mismo que yo! ¡Qué tipo tan inteligente!".

Hay cinco visiones principales en cuanto al momento del rapto: parcial, med-trib, pre-ira, post-trib y pre-trib. Veremos una por una.

RAPTO PARCIAL

Esta visión afirma que los creyentes serán arrebatados durante toda la tribulación, basado en el nivel de castigo necesario para purificarlos. Si eres un buen cristiano que ofrenda regularmente a la iglesia, enseñas en la escuela dominical todas las semanas y entregas tratados evangelísticos a cambio de golosinas en Halloween, entonces bien podrías ir directo al cielo con la primera tanda de creyentes. Sin embargo, si eres más del tipo que peca los sábados y ora los domingos, entonces tendrás que pasar algunos años sufriendo para ser lo suficientemente purificado como para entrar en la presencia de tu Salvador.

Hay muchas fallas en esta visión, pero tres son suficientes para descalificarla. Primero: un rapto parcial divide al Cuerpo de Cristo, creando un sistema de niveles y luego segmentando a la iglesia con base en ellos. Convierte a la iglesia en el sistema piramidal de ligas de fútbol inglés. Los cristianos de la *Premier League* vuelan primero. Después de un poquito de sufrimiento, los cristianos de la *Championship League* finalmente obtienen alivio. Los miembros de iglesia de la *League One* necesitan un poco más de ira, entonces soportan un par de años más. Luego, finalmente, los cristianos de la *League Two* son raptados, en el supuesto caso de que hayan logrado sobrevivir ese tiempo.

En ninguna parte la Biblia divide a la iglesia de ese modo. Sí, habrá diferentes niveles de recompensas que se darán en el juicio Bema, pero de nuevo, eso tiene que ver con recompensas, no con castigos. Como vimos antes, Pablo escribió: "Porque es necesario que todos nosotros comparezcamos ante el tribunal de Cristo, para que cada uno reciba según lo que haya hecho mientras estaba en el cuerpo, sea bueno o sea malo" (2 Corintios 5:10). Más adelante, en una carta a Timoteo, Pablo identificó la recompensa recibida por el servicio fiel como "la corona de justicia" (2 Timoteo 4:8), no como una licencia por buena conducta.

Eso nos lleva a las otras dos razones por las que la teoría del rapto parcial no funciona. Como mencionamos antes, la tribulación no es una suerte de purgatorio que exige que los cristianos sufran un castigo justo por sus pecados. Jesús ya soportó todo el sufrimiento necesario al morir en la cruz.

Y finalmente, la visión del rapto parcial enfatiza demasiado el poder de nuestras obras. Lo que hacemos ni paga el precio de nuestros pecados ni reduce el sufrimiento necesario por nuestro castigo. Nunca podremos hacer lo suficiente para impactar cualquiera de esas cuentas. Solo el sacrificio de Jesús en la cruz fue lo suficientemente poderoso como para eliminar esos libros contables.

RAPTO MED-TRIB

Imagina que estás en la tribulación. "Han sido unos años extraños", reflexionas, mientras pones tus piernas en alto y te recuestas en la silla reclinable. Después de la locura de esa gran batalla en Israel, cuando Rusia recibió una gran paliza, el mundo se calmó. No es que las cosas sean iguales a lo que eran. Los ciudadanos del mundo ahora son mucho más susceptibles y se ven a sí mismos como un mundo. También está ese tipo que actúa como el dueño del lugar, un lugar que es todas las naciones del mundo a la vez. Has leído la Biblia, has oído sermones, sabes quién es. Pero ha traído paz; tienes que darle el crédito por eso. Mientras abres una Pepsi y agarras el control remoto de la televisión, piensas: "A fin de cuentas, la primera mitad de la tribulación no estuvo tan mal".

Pero sabes que eso va a llegar a su fin muy pronto. Si el tiempo de tu pastor es correcto con base en el ataque de Rusia a Israel, entonces el próximo jueves será el día en que Jesús regresará en las nubes para llevarse a la iglesia al cielo. Parte de ti piensa que debes hacerle saber a tu prójimo lo que está por venir ahora que la parte verdaderamente mala de la tribulación está por comenzar. Pero faltan nueve días para el jueves que viene. Todavía tienes tiempo.

El mayor problema con la visión del medio de la tribulación (med-trib) es que malinterpreta la naturaleza de los *siete años* de la ira de Dios. Los que sostienen esta visión dirán que la primera mitad de la tribulación no es tan mala. Realmente se pone feo el asunto durante los segundos tres años y medio. Sin embargo, un rápido vistazo a la línea de tiempo de Apocalipsis y dónde encajan los sellos de juicio del capítulo 6, demuestra que las cosas malas ocurren durante todo el período. Si no quieres esperar hasta el capítulo 11 de este libro, cuando miraremos los juicios de la tribulación en más detalle, tan solo lee detenidamente Apocalipsis 6. Todo aquel que piense que la primera mitad de la tribulación será pan comido, está en un grave error.

Más importante aún, sin embargo, es el hecho de que no hay parte alguna de la Escritura que indique claramente un rapto en la primera mitad de la tribulación. La única manera de hacer funcionar esta visión es hacer una eiségesis, que significa tomar la doctrina que sostienes y buscar pasajes bíblicos que puedas usar para apoyar tu creencia. El problema con ese método es que puedes malinterpretar y torcer las Escrituras para probar cualquier creencia. Simplemente mira cómo algunas organizaciones racistas usan mal la Biblia para apoyar sus creencias aberrantes. Lo opuesto a eiségesis es exégesis, que consiste en mirar las Escrituras y permitir que ellas te digan qué creer. Una correcta exégesis que usa un método literal de interpretación anulará todo intento de justificar un arrebatamiento en la mitad de la tribulación.

RAPTO PRE-IRA

Aunque no encontrarás muchos cristianos que apoyen las dos teorías previas, la introducción del rapto pre-ira nos lleva a lo que podemos considerar los Grandes Tres. Esta visión tiene similitudes con la perspectiva med-trib en cuanto a tiempo. No obstante, las razones para sostener que el tiempo del rapto será en alguna parte de la segunda mitad de la tribulación son diferentes.

Para un partidario de la pre-ira, no hay distinción entre las palabras *escogidos*, *santos* e *iglesia*. Para ellos, los santos que han sido elegidos por Dios para salvación son todos parte de la iglesia. Así que, al escuchar que yo hice la afirmación de que la iglesia no se menciona en ninguna parte en Apocalipsis 4-19, me abordaron en mi cafetería favorita y me dijeron: "Espera Amir, dale una segunda mirada". Y luego me leyeron: "Y se le permitió hacer guerra contra los santos, y vencerlos. También se le dio autoridad sobre toda tribu, pueblo, lengua y nación" (Apocalipsis 13:7). Después pasaron a unos capítulos más adelante y me leyeron: "Vi a la mujer ebria de la sangre de los santos, y de la sangre de los mártires de Jesús; y cuando la vi, quedé asombrado con gran asombro" (Apocalipsis 17:6).

"¿Quiénes son los santos?", me preguntaron, "¿y quiénes son los mártires de Jesús, si no es la iglesia?".

Entonces, mientras yo le daba otro sorbo a mi capuchino, continuaron: "Incluso Jesús dijo que la iglesia estaría en la tribulación". Luego me citaron las palabras de Jesús desde el Monte de los Olivos: "Y si aquellos días no fuesen acortados, nadie sería salvo; mas por causa de los escogidos, aquellos días serán acortados" (Mateo 24:22).

Después de apoyar mi taza y limpiarme las comisuras de los labios con la servilleta, les recordé que uno no puede poner cada uso de la palabra "santo" en la misma canasta. Hay santos del Antiguo Testamento, santos de la tribulación, santos del milenio y, sí, también santos de la iglesia. Aunque todos ellos eventualmente irán al cielo, el tiempo de su reubicación no es el mismo. Todo esto es parte de las varias etapas de la primera resurrección, de la cual hablamos en el capítulo 4.

Lo mismo es cierto de la palabra "escogidos". Ya hemos visto cómo Pedro, en su primera epístola, llama a la iglesia "linaje escogido" (1 Pedro 2:9). Al hacerlo, emplea la misma palabra griega, *eklektos*, que se traduce como "elegido" en Mateo 24. Es el mismo término idéntico empleado en la Septuaginta, la traducción del Antiguo Testamento al griego, para traducir las palabras de Dios acerca de una relación especial entre Él e Israel:

> Sacaré descendencia de Jacob, y de Judá heredero de mis montes; y mis escogidos poseerán por heredad la tierra, y mis siervos habitarán allí (Isaías 65:9).

La misma palabra, pero distintas entidades. El contexto de cada uso de "santo" y "elegido" determina de quién se está hablando. No todos los corredores de pista son velocistas, ni todo perro es un schnauzer, ni todo santo es un miembro de la iglesia, como tampoco todo escogido es parte de la novia de Cristo.

Una dificultad más que presenta la visión de la pre-ira es la forma en que sus partidarios dividen el período de la tribulación. Para poder acomodar a la iglesia que es salva de la ira, una promesa bíblica que examinaremos bajo la visión pre-trib, muchos postulantes de la pre-ira separan los siete años del juicio de

Dios en tres secciones. Primero está el principio de los dolores, durante el cual se abren los sellos. Segundo viene la gran tribulación, en cuyo tiempo suenan las trompetas del juicio. Finalmente, el día del Señor amanece. Ahí es cuando la ira de Dios es derramada en la Tierra en la forma de las copas de la ira y de estos castigos la iglesia es rescatada.

Mientras que esos identificadores son bíblicos, no hay nada que indique que hablan específicamente de un cierto grupo de juicios. De hecho, la gramática del uso de la frase "principio de dolores" por parte de Jesús en Mateo 24:8 implica que tiene lugar previo al comienzo de la tribulación. Tomar las frases bíblicas y usarlas para etiquetar sucesos inconexos es una interpretación bíblica de mala calidad.

RAPTO POST-TRIB

La visión de que el rapto tomará lugar al final de la tribulación tiene algunos problemas hermenéuticos y lógicos. Hermenéutica es un término sofisticado que se refiere a las reglas de interpretación bíblica. Muchos de quienes se aferran al punto de vista del rapto posterior a la tribulación rechazan una interpretación literal de las Escrituras como su norma y, en su lugar, mantienen abierta de par en par la puerta a la alegorización. Como resultado, dicen que gran parte —si no todo— de lo que describe Jesús en Mateo 25 y Juan en el Apocalipsis ya tuvo lugar durante la destrucción de Jerusalén en el 70 d. C. También se unen a los proponentes de la teoría pre-ira al afirmar que hay poca o ninguna diferencia entre Israel y la iglesia.

Esta visión es incompatible con la interpretación literal de la Biblia. Muchos de los sucesos descritos en el discurso del Monte de los Olivos y el libro de Apocalipsis no encuentran una directa correlación entre la destrucción romana de Jerusalén y el templo por parte de Tito. Por lo tanto, los que afirman el cumplimiento en el primer siglo deben retractarse de la hermenéutica de "Esas palabras no significan aquí lo que significan normalmente en otras partes". Una vez que el enfoque de interpretar las Escrituras de manera alegórica se vuelve una opción, entonces es muy sencillo hacer que la Biblia diga cualquier cosa que desees.

Los problemas lógicos con la perspectiva post-trib son dos. Primero, es muy difícil determinar una razón para el rapto. Según este punto de vista, cuando Jesús descienda en la segunda venida, los creyentes que estén vivos al final de la tribulación se levantarán para encontrarse en el aire con Él, junto con los creyentes que han muerto anteriormente. Luego Jesús y su gran banda de seguidores descenderán todos a la Tierra inmediatamente para abrir paso al reinado del milenio. ¿Cuál es el propósito de este *salto bungee* en reversa, subiendo a toda velocidad al cielo para descender rápidamente de nuevo? ¿Necesitamos ser desconectados de la tierra firme para que nuestros cuerpos sean transformados? ¿Jesús quería una gran audiencia aérea que lo observara tocar tierra? En un contexto de post-tribulación, el rapto no tiene sentido.

Además, hay un problema lógico cuando se trata de quiénes poblarán el milenio. Si todos los incrédulos mueren y son reservados para el juicio futuro, y todos los creyentes son arrebatados y ahora tienen cuerpos incorruptibles, no quedan mortales corruptibles. ¿Eso es un problema? Es cuando tomas en cuenta el tiempo de la liberación de Satanás del abismo al final de los mil años. Cuando regrese a la Tierra encontrará una numerosa población corrupta que estará lista para unírsele en una última batalla contra el Reino de Cristo. Con un rapto post-trib, no quedarán pecadores para formar su ejército.

RAPTO PRE-TRIB

Ya he dejado en claro que mi esperanza radica en esta postura. Cuando hablo sobre mi esperanza, no es en el sentido de ver la primera estrella de la tarde y decir: "Desearía poder ser librado de la tribulación esta noche". La razón de mi esperanza se halla solamente en la palabra de Dios y en las promesas que Él le hizo a la iglesia. Aun así, reconozco que hay muchos cristianos que no creen en el rapto o piensan que el tiempo es uno distinto a antes de la tribulación.

Algunos argumentan en contra de esta visión pre-trib, diciendo que esta es una doctrina más reciente. Ellos alegan que todos los padres de la iglesia sostenían una postura diferente, lo cual no es cierto. Hubo muchos escritores en la iglesia primitiva que se aferraban a un rapto inminente, que sucedería en cualquier momento. En el 373 d. C., Efrén de Siria escribió: "Porque todos los santos y escogidos por Dios son reunidos, antes de la tribulación que está por venir, y son llevados al Señor, para que no vean la confusión que está por sobrecoger al mundo entero por causa de nuestros pecados". Ireneo, un discípulo de Policarpo, que era discípulo del apóstol Juan, escribió en el siglo II: "Y por tanto, cuando al final la Iglesia sea repentinamente arrebatada de esto, se dice que: 'habrá entonces gran tribulación, cual no la ha habido desde el principio del mundo hasta ahora, ni la habrá' (Mateo 24:21)". Pero incluso si ningún padre de la Iglesia hubiera mencionado un rapto pre-trib, eso no me preocuparía en absoluto porque, como hemos visto y veremos de nuevo, la Biblia claramente enseña que Jesús vendrá por su novia antes de que la ira de Dios sea derramada sobre la Tierra.

Otro argumento muy popular contra la visión pretribulacionista es que la iglesia merece algo de sufrimiento. De hecho, Jesús mismo dijo que venían tiempos difíciles. En Juan 16:33 les dijo a sus discípulos: "Estas cosas os he hablado para que en mí tengáis paz. En el mundo tenéis tribulación; pero confiad, yo he vencido al mundo" (LBLA). Pero, así como no todos *los* anticristos son *el* Anticristo, no todas las tribulaciones son *la* tribulación. El término griego que se utiliza aquí es *thlipsis* y significa "problema, tribulación, opresión, persecución". Jesús no pudo haber estado hablando sobre que ellos soportarían la gran tribulación, porque no la soportarían. Ellos pasaron problemas, opresión, persecución y, sí, también tribulación, pero murieron mucho antes de los siete años de juicio de Dios sobre la Tierra.

"Pero Amir, mira qué fácil la tiene la iglesia occidental", dicen algunos. "La tribulación más grande que tenemos algunos de nosotros es cuando se rompe la máquina de café expreso de Holy Roaster en la cafetería del lobby". Primero: cambia el tono. Una cafetera rota no es algo para reírse, especialmente para un israelí. Pero entiendo a qué te refieres. Date cuenta, sin embargo, que Jesús hizo una declaración general. No dijo que todos los cristianos deben tener una cantidad de perforaciones en su tarjeta de sufrimientos tribulacionistas antes de estar listos para ir al cielo. Lo que quería enseñar era que los discípulos y la iglesia en general debían esperar que el dolor y el sufrimiento se cruzaran en su camino por causa de su alineamiento con Él. Deberíamos estar listos para los problemas; y en vez de recibirlos con vergüenza, tendríamos que aceptarlos con orgullo, reconociendo que tenemos el gozo de soportar algo de la angustia que nuestro Salvador sintió al morir por nuestra salvación.

Como mencioné al inicio de este capítulo, quiero darte las razones por las que la teoría pre-trib encaja mejor tanto con las Escrituras como con la lógica. El objetivo es que no solo sepas en lo que crees, sino por qué lo crees.

Argumento #1: El patrón de Dios es quitar a los justos antes de derramar su ira

Una lectura simple de las Escrituras revelará que vez tras vez Dios ha removido a su pueblo antes de desatar su ira sobre un mundo de pecado. Inicialmente no fue de ese modo. Después de que Adán y Eva pecaron, los malvados fueron quitados de entre los justos. "Echó [Dios], pues, fuera al hombre, y puso al oriente del huerto de Edén querubines, y una espada encendida que se revolvía por todos lados, para guardar el camino del árbol de la vida" (Génesis 3:24). El jardín del Edén era un lugar santo donde Dios había caminado, por eso los echó de ese sitio.

Pero luego pasó el tiempo y la maldad se esparció por el mundo. Dios se arrepintió de haber creado a la humanidad y decidió derramar su ira sobre ella. Sin embargo, "Noé halló gracia ante los ojos de Jehová" (Génesis 6:8). Así que, en vez de destruir a Noé junto con los injustos, eximió a los justos del juicio inminente.

> Dijo luego Jehová a Noé: Entra tú y toda tu casa en el arca; porque a ti he visto justo delante de mí en esta generación. De todo animal limpio tomarás siete parejas, macho y su hembra; mas de los animales que no son limpios, una pareja, el macho y su hembra. También de las aves de los cielos, siete parejas, macho

y hembra, para conservar viva la especie sobre la faz de la Tierra. Porque pasados aún siete días, yo haré llover sobre la tierra cuarenta días y cuarenta noches; y raeré de sobre la faz de la tierra a todo ser viviente que hice (Génesis 7:1-4).

Este mismo atributo divino mostró hacia el sobrino de Abraham, Lot. Sodoma y Gomorra eran una cloaca de pecado y Dios decidió que era tiempo de soltar su juicio sobre estas ciudades. El Señor visitó a su siervo Abraham y le reveló al patriarca su plan de destrucción. Como sabía que su sobrino vivía en la región, comenzó a regatear con Dios al mejor estilo judío:

> Y se acercó Abraham [a Dios] y dijo: ¿Destruirás también al justo con el impío? Quizá haya cincuenta justos dentro de la ciudad: ¿destruirás también y no perdonarás al lugar por amor a los cincuenta justos que estén dentro de él? Lejos de ti el hacer tal, que hagas morir al justo con el impío, y que sea el justo tratado como el impío; nunca tal hagas. El Juez de toda la tierra, ¿no ha de hacer lo que es justo? Entonces respondió Jehová: Si hallare en Sodoma cincuenta justos dentro de la ciudad, perdonaré a todo este lugar por amor a ellos. Y Abraham replicó y dijo: He aquí ahora que he comenzado a hablar a mi Señor, aunque soy polvo y ceniza. Quizá faltarán de cincuenta justos cinco; ¿destruirás por aquellos cinco toda la ciudad? Y dijo: No la destruiré, si hallare allí cuarenta y cinco (Génesis 18:23-28).

Abraham disminuyó el número a cuarenta y cinco, luego a cuarenta. Cinco veces intentó renegociar el trato, llevándolo hasta diez. Pero los números no son lo importante aquí. Abraham entendió que no estaba en el carácter de Dios sujetar a los justos a su ira intencional contra los injustos. En última instancia, las ciudades de Sodoma y Gomorra fueron destruidas, pero no antes de que Dios rescatara al justo Lot y su familia del juicio.

Se les dice a los cristianos que deben separarse del mundo. Juan escribió en su primera carta: "No améis al mundo, ni las cosas que están en el mundo. Si alguno ama al mundo, el amor del Padre no está en él" (1 Juan 2:15). Pero estaba hablando de una separación espiritual. No podemos alejarnos físicamente del mundo. Es verdad, puedes comprar tierras en Montana, construir un complejo y esconderte tras rejas electrificadas con alambres de púa. Sin embargo, si el juicio de Dios llega, ni todas tus defensas podrán detenerlo. Solo Dios tiene la capacidad de separar a su iglesia de la disciplina que está trayendo sobre Israel y la ira que está derramando sobre el mundo pecador. ¡Qué consuelo es saber que quitar a su novia del asalto venidero es exactamente lo que Él prometió que haría!

Argumento #2: El regreso de Cristo es inminente

Cuando Jesús estaba cerrando el canon de las Escrituras, enfatizó su regreso inminente. "¡He aquí, vengo pronto! Bienaventurado el que guarda las palabras de la profecía de este libro (…) He aquí yo vengo pronto, y mi galardón conmigo, para recompensar a cada uno según sea su obra" (Apocalipsis 22:7, 12). El diccionario Merriam Webster define la palabra *inminente* como: "listo para suceder" y "que ocurrirá pronto".[13] Cuando se trata de profecía bíblica, la mayoría de la gente parece centrarse en la última definición. "Si el regreso de Jesús era inminente en el siglo I, debería haber ocurrido enseguida de que dijo que regresaría pronto, ¡o al menos en algún punto de los últimos dos mil años!".

Pero la inminencia bíblica tiene más que ver con la primera definición, "listo para suceder". Cuando Jesús dijo que regresaba pronto, estaba dejando saber a sus lectores que todo estaba preparado y que podía ocurrir de un momento a otro. Por eso Pablo estaba convencido de que Jesús vendría durante su vida. Nota que usó el pronombre *nosotros* en todo este pasaje tan importante:

> Por lo cual os decimos esto en palabra del Señor: que nosotros que vivimos, que habremos quedado hasta la venida del Señor, no precederemos a los que durmieron. Porque el Señor mismo con voz de mando, con voz de arcángel, y con trompeta de Dios, descenderá del cielo; y los muertos en Cristo resucitarán primero. Luego nosotros los que vivimos, los que hayamos quedado, seremos arrebatados juntamente con ellos en las nubes para recibir al Señor en el aire, y así estaremos siempre con el Señor. Por tanto, alentaos los unos a los otros con estas palabras (1 Tesalonicenses 4:15-18).

Pablo estaba listo y esperando. Había sido transportado una vez al cielo (1 Corintios 12:1-4) y estaba más que preparado para tomar un vuelo de regreso. En las palabras de Jesús y en las de Pablo, no había otros hechos de tanta envergadura que tuvieran lugar antes del regreso de Cristo. Hay una ventana de tiempo que Pablo crea con las siguientes palabras en 2 Tesalonicenses 2, las cuales establecen límites claros dentro de los cuales el rapto debe ocurrir:

> Porque ya está en acción el misterio de la iniquidad; solo que hay quien al presente lo detiene, hasta que él a su vez sea

quitado de en medio. Y entonces se manifestará aquel inicuo, a quien el Señor matará con el espíritu de su boca, y destruirá con el resplandor de su venida (vv. 7-8).

La apertura de esta ventana es el momento en el que Pablo escribe. A causa de su sentido de inminencia, el rapto podría haber sucedido en cualquier momento luego de escribir esas palabras. El cierre de la ventana es la remoción del que detiene. La frase temporal "y entonces", que introduce el levantamiento del Anticristo, necesita que el rapto ya haya ocurrido. Si el Anticristo está en la escena, la iglesia no lo está.

Incluso en el discurso del Monte de los Olivos, el "principio de dolores" solo nos dice cómo será el estado del mundo en esos últimos días (Mateo 24:8). Cualquier evento específico mencionado pertenecerá en todo caso a la tribulación, no al rapto. Y ciertamente no hay lugar en la palabra de Dios que diga: "Una vez que vean al Anticristo, comiencen a contar tres años y medio, y luego vendrá Jesús en las nubes a llevarlos con Él". O: "Cuando el tercer templo esté edificado, sepan que solo habrá siete años de horror y desdicha antes de que Jesús regrese a llevarse a la iglesia".

Todo está listo. En cualquier momento Jesús puede venir a llevarnos a estar con Él. Mientras tanto, ten un ojo puesto en la misión que te rodea y el otro en las nubes; ten una mano en el arado y la otra levantada alabándolo.

Argumento #3: La obra del Hijo es suficiente para el Padre

Piensa de nuevo en cuando nuestro Salvador estaba sufriendo en la cruz. Había sido golpeado y torturado. Se habían burlado de Él y lo habían escupido. Finalmente, lo clavaron a una madera y lo colgaron en una muerte lenta y asfixiante. Juan describió el momento final antes de morir:

> Después de esto, sabiendo Jesús que ya todo estaba consumado, dijo, para que la Escritura se cumpliese: Tengo sed. Y estaba allí una vasija llena de vinagre; entonces ellos empaparon en vinagre una esponja, y poniéndola en un hisopo, se la acercaron a la boca. Cuando Jesús hubo tomado el vinagre, dijo: Consumado es. Y habiendo inclinado la cabeza, entregó el espíritu (Juan 19:28-30).

Lee de nuevo esas últimas palabras: "¡Consumado es!". La penalidad por nuestros pecados había sido saldada. Se abrió la puerta a nuestra justicia. La reconciliación con nuestro Creador estaba al alcance. Ahora tenemos la libertad de acercarnos "confiadamente al trono de la gracia, para alcanzar misericordia y hallar gracia para el oportuno socorro" (Hebreos 4:16). Mientras estaba todavía en la cruz no gritó: "¡Está casi terminado!". Juan no insertó un asterisco que lleva a una nota al pie que aclara: "Nota del autor: Jesús quiso decir 'en proceso de finalización'. Todavía vas a necesitar un poco de fuego en tu vida para ser verdaderamente justo".

La obra de nuestro Mesías en la cruz fue completamente suficiente para nuestra justificación. No queda ninguna deuda sin pagar. Como reza el gran himno del siglo XIX:

> Jesús lo pagó todo,
> todo a Él le debo.
> El pecado había dejado una mancha carmesí;
> lo lavó blanco como la nieve.

Argumento #4: Una interpretación literal de la Escritura

Toda otra visión que la pretribulacionista debe ser tomada de al menos una parte o todo Apocalipsis 4-18 y buscar a la iglesia en alguna parte en medio de esos eventos. Desafortunadamente para ellos, será una búsqueda en vano. Algunos dirán: "Pero Amir, estás haciendo un argumento del silencio. Solo porque no se menciona a la iglesia no quiere decir que no esté allí". Sin embargo, ese razonamiento se desploma con el contexto. Los capítulos 1 a 3 se centran exclusivamente en la iglesia. Decir que mientras se despliega el Apocalipsis la iglesia soporta el sufrimiento de los juicios, pero Juan se olvida de mencionarlo, es ilógico y ridículo. Si el Cordero es responsable de abrir los sellos que desatan el caos y las plagas sobre su amada Novia, ¿cómo es que ni siquiera la reconoce? La única forma de colocar a la iglesia en los juicios del Apocalipsis es alegorizar los hechos.

Lo mismo es cierto respecto de las palabras de Jesús en el discurso del Monte de los Olivos en Mateo 24-25 y del aliento de Pablo a la iglesia en 1 Corintios 15, 1 Tesalonicenses 4-5 y 2 Tesalonicenses 2. La única conclusión que extraemos de una interpretación literal de estos capítulos es que Jesús puede venir en cualquier momento a llevarse a su iglesia con Él. Veremos más sobre la importancia de una hermenéutica literal en el siguiente capítulo.

Argumento #5: El doble propósito de la tribulación

La tribulación es el tiempo de la angustia de Jacob y el día de la ira de Dios sobre el mundo incrédulo. Es disciplina para los judíos rebeldes y castigo para los pecadores gentiles. Como vimos en el último capítulo, no hay lugar para la iglesia en la tribulación. El único propósito que uno puede inventar es que Jesús, como Novio, quiere una Novia más santa, más justa, y por eso va a purificarla con fuego. Pero si hemos sido limpiados perfectamente con la sangre de nuestro Mesías, ¿qué otra cosa hará el sufrimiento por nosotros? ¿Cómo mejorar la perfección que nos fue imputada por la obra de un Salvador perfecto?

Dios ha planeado la tribulación por una razón, y la iglesia no es parte de ella.

Argumento #6: Verdadero consuelo

Como vimos en el argumento número 2, Pablo les escribió a los tesalonicenses acerca del arrebatamiento venidero. Al final de ese pasaje, concluye diciendo: "Por tanto, alentaos los unos a los otros con estas palabras" (1 Tesalonicenses 4:18). Luego prosigue con el capítulo 5 hablando de lo repentino de esa venida y la necesidad de la iglesia de estar vigilante y llevar a cabo la misión en un mundo de oscuridad. Entonces cierra la sección escribiendo:

> Porque no nos ha puesto Dios para ira, sino para alcanzar salvación por medio de nuestro Señor Jesucristo, quien murió por nosotros para que ya sea que velemos, o que durmamos, vivamos juntamente con él. Por lo cual, animaos unos a otros, y edificaos unos a otros, así como lo hacéis (5:9-11).

Amigo: no estamos equipados para la ira. Como iglesia, "ninguna condenación hay para los que están en Cristo Jesús, los que no andan conforme a la carne, sino conforme al Espíritu" (Romanos 8:1). Sí, tendremos tribulaciones —algunos más que otros—, pero para los que estamos en Cristo no pasaremos la tribulación. Jesús viene para quitar a la iglesia, su Novia, antes de que comience el juicio.

No, la tribulación no ha empezado. Si Jesús es tu Señor y Salvador, serás arrebatado antes de que empiece. Y yo oro para que encuentres consuelo en estas palabras.

7

AGENDA EL DÍA

En este mundo hay grandes parejas; algunas son históricas. ¿Cómo puedes tener un Sansón sin una Dalila, o un Marco Antonio sin Cleopatra? En el mundo del entretenimiento, ¿cómo habría una Lucy sin Desi o un Snoopy sin Woodstock? Y en el ámbito culinario, los guisantes no saben igual sin zanahoria. ¿Y quién querría hummus sin pan pita o chuletas de cerdo sin puré de manzana? Ahora, como judío, nunca comería chuleta de cerdo (a menos que esté deliciosamente adobada y asada a la plancha a término medio).

Cuando se trata de los tiempos finales también hay pares significativos. Encontramos a la bestia y su maléfico compañero, el falso profeta. Testificando en Jerusalén tenemos a un testigo y... bueno... al segundo testigo también. Y ligados por siempre en la línea de tiempo divina, no puedes tener una tribulación sin un rapto. Si me preguntas por qué los dos deberían ir juntos, entonces te invito a releer el capítulo anterior. La iglesia no puede estar y no estará en la Tierra cuando la ira de Dios sea derramada. Así no es como opera nuestro amoroso Padre, y la iglesia no fue diseñada para la tribulación. Para que esto ocurra, el rapto debe venir primero.

¿Ha empezado la tribulación? Si has recibido a Jesús como tu Señor y Salvador y estás leyendo esto desde algún lugar en el mundo sobre la superficie de la Tierra, entonces la respuesta obviamente es no. Supongo que podrías estar leyéndolo en un avión o en una estación espacial también, y la respuesta seguiría siendo no.

Una razón por la que esta conexión entre el rapto pretribulacional y la tribulación debe ser tan importante es que, según parece, si podemos encontrar el tiempo preciso de uno, entonces podemos conjeturar razonablemente el otro. ¿Has descifrado el tiempo del arrebatamiento? Entonces sabes que la tribulación viene inmediatamente después de él. ¿Has calculado cuándo comenzará la tribulación? Entonces puedes estar seguro de que el rapto tendrá lugar no mucho tiempo antes.

Normalmente una lógica como esta emocionaría a los detectives, porque significaría que el secreto de uno de los grandes misterios del cristianismo está a punto de ser develado. Pero es Jesús mismo el aguafiestas que acaba con todo entusiasmo por adivinar una fecha para el encuentro con Él en las nubes. En el Monte de los Olivos, les dijo a sus discípulos: "Pero del día y la hora nadie sabe, ni aun los ángeles de los cielos, sino solo mi Padre" (Mateo 24:36). Esencialmente Jesús les dijo a sus seguidores: "Oigan, puedo decirles todo lo que quieren acerca de los tiempos finales, pero en cuanto al tiempo del rapto no puedo decirles nada".

¿Por qué el Padre es tan misterioso cuando se trata del regreso de su Hijo? Porque nos conoce. Jesús lo describió de este modo en la misma conversación en el Monte de los Olivos:

Velad, pues, porque no sabéis a qué hora ha de venir vuestro Señor. Pero sabed esto, que si el padre de familia supiese a qué hora el ladrón habría de venir, velaría, y no dejaría minar su casa. Por tanto, también vosotros estad preparados; porque el Hijo del Hombre vendrá a la hora que no pensáis (vv. 42-44).

Si sabes que el miércoles a las 10:00 p.m. un ladrón va a entrar en tu casa, pero estarás seguro hasta ese momento, es probable que el domingo, el lunes y el martes sigas con tus tareas habituales. No necesitas preocuparte por ningún robo, porque ya tienes marcado en tu calendario la fecha en que vendrá tu ladrón. Probablemente dejes las puertas sin trabar y las ventanas abiertas para que entre el aire todo el tiempo hasta el miércoles a las 9:00 p.m. Solo allí agarrarás tus armas y dejarás marcado en tu teléfono el número de emergencia de la policía.

Así es exactamente la forma en que muchos cristianos vivirían si supieran cuándo regresa Jesús. "Solo voy a hacer mi vida hasta el miércoles a las 9:00 p.m. Después de eso me arrepentiré rápidamente, llamaré a mis vecinos para leerles las *Cuatro Leyes Espirituales*, y así poder decir que les he testificado, haré una donación en línea de mis ahorros a mi iglesia local para ponerme al día con los diezmos atrasados ¡y luego volaré con mi Señor!". Dios nos conoce demasiado bien. Entiende que no nos puede confiar todo ese conocimiento. La humanidad anda mejor con un poquito de misterio, y el tiempo del regreso de Jesús es exactamente esa clase de misterio que la iglesia necesita.

¿Eso significa que no tenemos ni rastro de cuándo será el rapto? Mira de nuevo las palabras de Jesús. Él dijo: "del día y la hora nadie sabe". Nunca podremos precisar el momento exacto del regreso de Jesús, pero la Biblia nos brinda algunas herramientas para poder determinar una ventana de tiempo. Como con cualquier proyecto que tengamos que hacer en casa, es preciso contar con la herramienta adecuada para no quedarnos atascados intentando clavar un clavo con el mango de un destornillador. Cuando abramos nuestra pequeña caja de herramientas color roja para comenzar nuestro bricolaje del rapto, tendremos cinco herramientas perfectamente diseñadas para la tarea.

¿CUÁL ES EL TIEMPO?

Herramienta de tiempo 1: Profecía bíblica

Casi un tercio de la Biblia contiene enseñanzas acerca de eventos futuros porque Dios quiere que conozcas sus planes. Como declaró a través del profeta Isaías:

> Acordaos de las cosas pasadas desde los tiempos antiguos; porque yo soy Dios, y no hay otro Dios, y nada hay semejante a mí, que anuncio lo por venir desde el principio, y desde la antigüedad lo que aún no era hecho; que digo: Mi consejo permanecerá, y haré todo lo que quiero (Isaías 46:9-10).

Dios crea sus planes y luego se los cuenta al mundo. Él declaró "el final desde el principio" a través de sus profetas. Pero ahora tenemos todo el consejo en las Escrituras. ¿Cómo sabemos que la Biblia contiene todo lo que Dios quiere que conozcamos acerca del futuro? Porque el Espíritu Santo supervisó su creación. Pedro escribió: "Ninguna profecía de la Escritura es de interpretación privada, porque nunca la profecía fue traída por voluntad humana, sino que los santos hombres de Dios hablaron siendo inspirados por el Espíritu Santo" (2 Pedro 1:20-21).

Cuando miramos las acciones premeditadas de Dios y el tiempo de esas acciones, no estamos sacando la paja de la suerte, tratando de hacer algún presagio o de leer la borra del café. Dios ha llenado la Biblia con su programa, que va desde el mismísimo comienzo hasta el día de hoy e incluso hasta los tiempos finales. Nuestra tarea es tomar esos pasajes que miran a eventos futuros e interpretarlos de una manera que busca la intención original del autor. Desafortunadamente, hay demasiadas interpretaciones chapuceras, que toman pasajes sueltos de las Escrituras y preguntan: "¿Cómo puedo hacer que estas palabras del autor encajen con mi doctrina?". Una interpretación fiel es la que pregunta: "¿Cómo debo adaptar mi doctrina para que encaje con las palabras del autor?".

Eso significa mirar los pasajes de una manera literal, a menos que claramente deban ser tomados de otro modo. Cuando Jesús habló en parábolas, su audiencia sabía que las historias no eran una nueva versión contada de un hecho real, sino que eran ilustraciones de importantes verdades espirituales que debían ser analizadas como tales. Sin embargo, la forma normal de interpretar la biblia es suponer que el autor quiso que sus palabras fueran entendidas exactamente en la forma en que las escribió. Una doctrina confiable es aquella que está construida sobre "esto es lo que él escribió" en vez de "esto es lo que realmente quería decir".

Buena interpretación también significa mirar esos pasajes proféticos a la luz del contexto del resto de la Biblia. Pablo le escribió a Timoteo: "Toda la Escritura es inspirada por Dios" (2 Timoteo 3:16). Si viene de un Dios perfecto, entonces sabemos que nunca se contradecirá a sí misma. De modo que, si inventamos una interpretación de una profecía que es contraria a otro pasaje de la Biblia, entonces sabemos que la falta no está en Dios sino en nuestras conclusiones. Eso nos da un maravilloso equilibrio a la hora de analizar no solo la profecía sino toda la Escritura.

Si queremos entender los planes de Dios para los días finales, incluyendo el tiempo del rapto y la tribulación, la profecía bíblica es el primer y mejor lugar por donde comenzar. Sin esta herramienta estaremos intentando entender la infinita sabiduría de Dios sin otra cosa que nuestras mentes penosamente finitas. En el próximo capítulo usaremos primordialmente esta herramienta de tiempo esencial, junto con la número 2, para ver cuán cerca podemos estar del rapto y la tribulación.

Herramienta de tiempo 2: Sucesos actuales

El arrebatamiento puede suceder en cualquier momento. No se precisa que se haga nada más, no hay ningún otro evento que deba ocurrir. Por esa razón, Pablo estaba convencido de que él y los que lo rodeaban bien podrían experimentar este glorioso suceso. Como vimos anteriormente, él usó la primera persona del plural al hablar del rapto: "Luego nosotros los que vivimos, los que hayamos quedado, seremos arrebatados juntamente con ellos en las nubes para recibir al Señor en el aire, y así estaremos siempre con el Señor" (1 Tesalonicenses 4:17). No dijo: "Entonces ellos —los cristianos del futuro, probablemente unos dos mil años a partir de ahora— que estén vivos…" Pablo estaba plenamente expectante de que podía ser arrebatado en cualquier momento, y estaba emocionado porque eso sucediera.

Lo que vemos en los acontecimientos de la actualidad son pistas que indican el inicio de la tribulación. Y si ella está cerca, entonces sabremos que el rapto también lo está. Volviendo a la conversación de Jesús con sus discípulos en el Monte de los Olivos, todo comenzó con ellos preguntando específicamente sobre el tiempo del "fin del siglo" (Mateo 24:3). Jesús les respondió:

> Mirad que nadie os engañe. Porque vendrán muchos en mi nombre, diciendo: Yo soy el Cristo; y a muchos engañarán. Y oiréis de guerras y rumores de guerras; mirad que no os turbéis, porque es necesario que todo esto acontezca; pero aún no es el fin. Porque se levantará nación contra nación, y reino contra reino; y habrá pestes, y hambres, y terremotos en diferentes lugares. Y todo esto será principio de dolores (vv. 4-8).

No puedo decirte cómo será el mundo al momento que leas este libro. Los hechos se mueven con rapidez y yo no soy profeta. Solo puedo decirte lo que veo ahora y ciertamente es bastante loco como para dar la talla de lo que Jesús profetizó. Otra vez, en el próximo capítulo veremos con más detalle lo que Jesús predijo y en qué formas nuestro mundo actual encaja con sus palabras.

Te daré, no obstante, un rápido anticipo. Todo lo que vemos ocurrir en el mundo señala al marco temporal rapto/tribulación. Pero recuerda, todavía no estamos en la tribulación. Jesús dijo en Mateo 24 que este es el "principio de dolores" (v. 8). En el texto griego la frase traducida como "dolores" habla de "dolores de parto". Aunque muchas de las mentes más brillantes de nuestra gran comunidad médica ahora han determinado que es posible de algún modo que los hombres tengan bebés, yo, por mi parte, no he dado a luz todavía. Ni tampoco quiero. Ni podría, a pesar de la conclusión a la que los necios de este mundo hayan llegado. Sin embargo, mi esposa tuvo cuatro hijos, y yo estoy muy agradecido con ella por haber llevado en su vientre a nuestros polluelos. Una verdad que aprendí de ella es que una contracción de parto puede ser muy dolorosa, pero no es nada comparado con el parto en sí. Lo que estamos experimentando ahora en este mundo complicado no es nada comparado a lo que viene durante la tribulación.

¿Esto te asusta? Si eres seguidor de Jesús, no debería. Una vez más, veamos las palabras de Jesús a sus discípulos: "...mirad que no os turbéis, porque es necesario que todo esto acontezca; pero aún no es el fin" (Mateo 24:6). No temas. Al igual que los dolores de parto señalan que el nacimiento se acerca, así también estos eventos de prueba y angustia señalan que pronto vienen los siete años de tribulación de la ira de Dios. Y también nos dejan saber que muy pronto llega el tiempo de la partida de la iglesia de este mundo.

Herramienta de tiempo 3: Dios e Israel

Mis abuelos por la línea materna eran polacos. Si les hubieras pedido que vinieran y se establecieran en el Mandato Británico de Palestina, el nombre internacionalmente aceptado para el área de Israel durante la primera mitad del siglo xx, se hubieran reído en tu cara. ¿Por qué querrían dejar lo que tenían? Europa era mucho mejor; ellos prosperaron allí. Israel no era más que desiertos y pantanos. No había agua suficiente o había demasiada agua; había serpientes venenosas o mosquitos con malaria. ¡Ven y trabaja en un kibutz! Trabaja duro, vive miserablemente, muere joven.

En última instancia, no era su voluntad lo que importaba; era el plan de Dios. El Señor les había hecho una promesa a los israelitas mientras se preparaban para entrar a la tierra prometida. A través de Moisés les dijo:

Sucederá que cuando hubieren venido sobre ti todas estas cosas, la bendición y la maldición que he puesto delante de ti, y te arrepintieres en medio de todas las naciones adonde te hubiere arrojado Jehová tu Dios, y te convirtieres a Jehová tu Dios, y obedecieres a su voz conforme a todo lo que yo te mando hoy, tú y tus hijos, con todo tu corazón y con toda tu alma, entonces Jehová hará volver a tus cautivos, y tendrá misericordia de ti, y volverá a recogerte de entre todos los pueblos adonde te hubiere esparcido Jehová tu Dios. Aun cuando tus desterrados estuvieren en las partes más lejanas que hay debajo del cielo, de allí te recogerá Jehová tu Dios, y de allá te tomará; y te hará volver Jehová tu Dios a la tierra que heredaron tus padres, y será tuya; y te hará bien, y te multiplicará más que a tus padres. Y circuncidará Jehová tu Dios tu corazón, y el corazón de tu descendencia, para que ames a Jehová tu Dios con todo tu corazón y con toda tu alma, a fin de que vivas (Deuteronomio 30:1-6).

Muchos dicen que esto fue cumplido luego del exilio de los judíos a Babilonia. ¿Pero cómo podría ser eso posible? ¿Cuándo fue el Israel postexilio, incluso en el tiempo de Jesús, más próspero que en el tiempo del rey David o del rey Salomón? ¿Cuándo toda la nación de Israel amó al Señor con todo su corazón y con su alma entera? Incluso hasta el presente, esto sigue sin cumplirse. Ciertamente, los judíos han sido reunidos desde "las partes más lejanas que hay debajo del cielo". Sin embargo, no será hasta después de la tribulación que la circuncisión del arrepentimiento de corazón tendrá lugar en toda la nación.

Usando el restablecimiento de la nación de Israel como barómetro, Dios ha preparado la escenografía para el escenario de sus tiempos finales. Es difícil imaginarlo ahora, pero la existencia del Estado de Israel habría sido un disparate para mis abuelos, como lo era para la población del resto del mundo antes de 1948. La mayoría de las personas de esta generación no lo llega a comprender porque vivimos en un mundo en donde Israel es una entidad aceptada. Sin embargo, por casi dos mil años antes de esta generación, la idea de un estado israelí habría sido ridícula.

> Pero Dios sabía. Él lo había planeado. Lo había prometido:
>
> ¿Quién oyó cosa semejante? / ¿Quién vio tal cosa? / ¿Concebirá la tierra en un día? / ¿Nacerá una nación de una vez? / Pues en cuanto Sion estuvo de parto, / dio a luz sus hijos (Isaías 66:8).

Es esta generación la que vio el cumplimiento de la profecía de Isaías. ¿Cómo puede nacer una nación en un día? El 14 de mayo de 1948 fue un día agitado para la causa sionista. El Mandato Británico llegaría a su fin al día siguiente, y los líderes de Israel ponían todo su empeño en terminar de escribir la Declaración de Independencia de la nación. Para cuando se aprobó la votación en el documento, solo quedaba una hora antes de la ceremonia de firma programada en el Museo de Tel Aviv; no había tiempo suficiente para que el borrador final estuviera preparado para las firmas. Así que se firmó en una hoja aparte y luego ese papel fue cosido a la declaración verdadera. Como escribió Isaías: "¿Quién oyó cosa semejante?". El 13 de mayo de 1948 no había un país llamado Israel, y el 14 de mayo de 1948 había nacido el Estado de Israel. ¡Un país nació en un día!

¿Qué tan cerca está la tribulación? El estado israelí es necesario para que los eventos de la tribulación tengan lugar. Por dos mil años no hubo Estado israelí: ahora, no solo hay Estado, sino que es próspero y floreciente. De hecho, se está volviendo tan rico que está atrayendo la atención de otros países que tienen problemas económicos, grandes ejércitos y un liderazgo moral y espiritualmente comprometido, como el que se menciona en Ezequiel 38:2-6. Otra vez, ¿qué tan cerca está la tribulación? Mucho más cerca de lo que ha estado jamás.

Herramienta de tiempo 4: Ezequiel 36-39

Mucho de lo que sabemos sobre la tribulación viene del Antiguo Testamento. La segunda mitad de Daniel nos da mucha información sobre el Anticristo que viene. En la visión de las setenta semanas, el profeta escribió:

> Y después de las sesenta y dos semanas se quitará la vida al Mesías, mas no por sí; y el pueblo de un príncipe que ha de venir destruirá la ciudad y el santuario; y su fin será con inundación, y hasta el fin de la guerra durarán las devastaciones. Y por otra semana confirmará el pacto con muchos; a la mitad de la semana hará cesar el sacrificio y la ofrenda. Después con la muchedumbre de las abominaciones vendrá el desolador, hasta que venga la consumación, y lo que está determinado se derrame sobre el desolador (Daniel 9:26-27).

Esta marioneta de Satanás se levantará y hará un pacto de paz con Israel, el cual durará tres años y medio. Pero después de ese tiempo, traicionará a los judíos e iniciará una fuerte persecución contra ellos:

> Y hablará palabras contra el Altísimo, y a los santos del Altísimo quebrantará, y pensará en cambiar los tiempos y la ley; y

serán entregados en su mano hasta tiempo, y tiempos, y medio tiempo (Daniel 7:25).

Pero el profeta veterotestamentario que más nos habla sobre el tiempo de la tribulación es Ezequiel. Ya hemos hablado mucho de esto, de modo que no entraré en detalles. Pero es en Ezequiel 36 que encontramos una promesa de sanidad de la tierra. Si haces una búsqueda en internet de "imágenes de Israel antes de 1948", descubrirás muchas vistas históricas interesantes. Sin embargo, de lo que encontrarás poco o nada es de fotografías de paisajes verdes. No verás agricultura en el Valle de Jezreel, ni encontrarás miles de huertos frutales esparcidos desde dan a Eilat, repletos de una increíble exuberancia. Ahora busca "imágenes de la agricultura de Israel". Lo que aparecerá en tu pantalla es la profecía bíblica cumplida en tu generación.

No obstante, una tierra revitalizada no es nada sin un pueblo revitalizado. En el valle de los huesos secos Ezequiel vio cómo Dios primero reunió los huesos, luego los cubrió con carne y músculos, y finalmente sopló vida en ellos. El Señor le dijo al profeta:

> Me dijo luego: Hijo de hombre, todos estos huesos son la casa de Israel. He aquí, ellos dicen: Nuestros huesos se secaron, y pereció nuestra esperanza, y somos del todo destruidos. Por tanto, profetiza, y diles: Así ha dicho Jehová el Señor: He aquí yo abro vuestros sepulcros, pueblo mío, y os haré subir de vuestras sepulturas, y os traeré a la tierra de Israel. Y sabréis que yo soy Jehová, cuando abra vuestros sepulcros, y os saque de vuestras sepulturas, pueblo mío. Y pondré mi Espíritu en vosotros, y viviréis, y os haré reposar sobre vuestra tierra; y sabréis que yo Jehová hablé, y lo hice, dice Jehová (Ezequiel 37:11-14).

Nota la ubicación a la que Dios dice que llevará a su pueblo. ¿Es en Europa del Este? ¿Tal vez Nueva York o el sur de California? ¿Acaso menciona el Mandato Británico de Palestina? No, Él dijo que los llevaría a la "tierra de Israel"… "os haré reposar sobre vuestra tierra". No se puede reposar en la tierra de Israel si no hay tierra de Israel. Entonces Dios reestableció a los judíos a la Tierra Santa, la tierra de su promesa. Dios lo dijo; Dios lo hizo. "Aquí está tu tierra; ahora ven a casa".

Esos dos capítulos son el lado feliz de la profecía de Ezequiel. La contracara se encuentra en los capítulos 38-39. Allí vemos a las naciones yendo contra Israel, buscando saquearla y destruirla. Sería muy difícil saquear y destruir una nación que no existe. Por siglos, un Israel inexistente llevó a toda clase de interpretaciones alegóricas y justificativas sobre lo que "Ezequiel quiso decir *en realidad.* Pero luego en mayo de 1948 Dios dijo: "Si solo hubieran sido pacientes y confiado en que yo uniría todas las piezas, habrían visto que lo que dije a través de Ezequiel era bastante simple y directo. Esta coalición de naciones atacará a mi pueblo exactamente como dije. Y ahora, ¡les presento a Israel!".

¿No hay estado de Israel? No hay tribulación. ¿Un estado próspero y floreciente de Israel? Mejor empiecen a mirar al cielo.

Herramienta de tiempo 5: La parábola de la higuera

¿De qué generación eres? Parece que la cultura está obsesionada con el tema de las generaciones. ¿Eres un *boomer* o un *booster*? Tal vez seas un milenial o incluso de la generación Z. O tal vez formes parte de la generación grandiosa, ese grupo de hombres y mujeres laboriosos y sacrificados que nacieron en el primer cuarto del siglo xx. Cualquiera sea la categoría en la que tu año de nacimiento te coloque, hay una generación unificadora que nos abarca a todos. Todos somos parte de la Generación de la Higuera.

En el discurso del Monte de los Olivos al que nos hemos referido bastante en este capítulo, hay un quiebre inusual de estilo en las enseñanzas de Jesús. En el medio de la enseñanza de narrativa profética, nuestro Señor irrumpe con una parábola:

> De la higuera aprended la parábola: Cuando ya su rama está tierna, y brotan las hojas, sabéis que el verano está cerca. Así también vosotros, cuando veáis todas estas cosas, conoced que está cerca, a las puertas. De cierto os digo, que no pasará esta generación hasta que todo esto acontezca. El cielo y la tierra pasarán, pero mis palabras no pasarán (Mateo 24:32-35).

Recuerda lo que es una parábola: una historia que ilustra una verdad mayor. La redacción aquí es breve y precisa. El significado es simple de discernir. Cuando vean señales que indican que un hecho se aproxima, esperen pronto ser testigos de esa ocasión. Las higueras florecen en primavera, lo que significa que el verano está a la vuelta de la esquina.

Jesús les dijo a sus discípulos que las señales de las que les había hablado serían seguidas por la tribulación y el fin de todas las cosas. Es tan natural como el verano que sigue al florecimiento de las plantas en primavera. ¿Ven las hojas? El verano se acerca. ¿Ven esas señales? El fin se acerca.

Pero hay otro nivel en esta parábola aparentemente simple, y se halla en el simbolismo de la higuera. "¡Espera, Amir! ¿Quién eres para determinar cuándo se debe interpretar literalmente y cuándo usar el simbolismo?". Una pregunta entendible. Sin embargo, yo no estoy determinando eso. Jesús lo hizo: Él la llamó la *parábola* de la higuera. La Biblia es tan clara cuando simplemente bajamos la velocidad y miramos lo que dicen las palabras.

Las Escrituras a menudo emplean lo que llamamos simbolismo. En este, las personas y los sucesos representarán algo mayor a sí mismos. El arcoíris representa el fin de una tormenta, así como también el pacto de Dios con el mundo donde promete no destruirlo nunca más por medio de agua. La paloma puede ser meramente un ave, o puede representar al Espíritu Santo. El cordero pascual les recordaba a los judíos que Dios los había rescatado de la esclavitud en Egipto, y también representó el sacrificio de Jesús en la cruz por los pecados del mundo entero. Y las higueras pueden ser plantas frutales, pero también representan a la nación de Israel. El profeta Oseas escribió:

> Como uvas en el desierto hallé a Israel; como la fruta temprana de la higuera en su principio vi a vuestros padres (Oseas 9:10a).

En las Escrituras vemos varios símbolos de la agricultura que son usados para comunicar diversos aspectos de Israel. La vid representa los privilegios espirituales de Israel, en la cual la iglesia puede ser injertada. La cercanía con Dios no es propiedad de los judíos únicamente, sino que es ofrecida a todos. Jesús, la Vid verdadera, dijo: "Yo soy la vid, vosotros los pámpanos; el que permanece en mí, y yo en él, este lleva mucho fruto; porque separados de mí nada podéis hacer" (Juan 15:5).

El olivo representa el privilegio religioso de los judíos como sacerdotes y servidores del Altísimo. Pero esos roles también fueron abiertos a la iglesia como sacerdotes de un nuevo pacto bajo Jesucristo:

> Mas vosotros sois linaje escogido, real sacerdocio, nación santa, pueblo adquirido por Dios, para que anunciéis las virtudes de aquel que os llamó de las tinieblas a su luz admirable; vosotros que en otro tiempo no erais pueblo, pero que ahora sois pueblo de Dios; que en otro tiempo no habíais alcanzado misericordia, pero ahora habéis alcanzado misericordia (1 Pedro 2:9-10).

Sin embargo, con esos nuevos honores, la iglesia debe asegurarse de no olvidar quién tuvo los roles primero.

> Pues si algunas de las ramas fueron desgajadas, y tú, siendo olivo silvestre, has sido injertado en lugar de ellas, y has sido hecho participante de la raíz y de la rica savia del olivo, no te jactes contra las ramas; y si te jactas, sabe que no sustentas tú a la raíz, sino la raíz a ti (Romanos 11:17-18).

El único símbolo de la agricultura que nunca se abrió para la iglesia es el de la higuera. Nunca en las Escrituras encontrarás a la iglesia conectada con esa representación. La higuera significa el privilegio nacional de Israel, que le pertenece a los judíos solamente. Los cristianos tienen el privilegio de ser parte de la vid y el olivo, y tienen el privilegio de ser testigos de cómo Dios trabaja con la higuera.

Entonces, ¿qué nos dice esta parábola? Cuando vean la higuera florecer y echar hojas, sepan que el fin se acerca. La higuera es Israel, e Israel ha florecido bastante. Ha sacado hojas y ahora está produciendo gran cantidad de frutos. ¿Y a dónde quería llegar Jesús en última instancia? La generación que ve esta señal milagrosa de la higuera no pasará "hasta que todo esto acontezca" (Mateo 24:34).

¿Cuál es esa generación? Si tienes un teléfono inteligente, agárralo, abre la aplicación de la cámara y hazte una selfie. ¿Ves ese rostro? Esa persona es parte de la generación que no morirá hasta el regreso de Cristo. ¡Sí, esto te incluye!

No me malinterpretes. Si tú decides saltar de un avión sin paracaídas, ciertamente morirás. Es esta generación *colectiva* la que no morirá. Son las personas que están vivas hoy las que se contarán entre los arrebatados en el rapto para encontrarse con Jesús en las nubes. Si eso sucede pronto, seremos la mayoría de nosotros. Si el Señor tarda, solo serán algunos. Pero esta es la generación que verá a Jesús regresar para reunirse con su iglesia.

¿CUÁNDO ES LA CITA?

Entonces, ¿cuándo tendrán lugar el rapto y la tribulación?

No tengo idea.

Pero antes de que te enfades y arrojes este libro a tu estufa ecológica, todavía puedo ayudarte un poquito. Puedo decirte con certeza cuándo *no* sucederá el rapto.

Primero, no sucederá cuando tú piensas que sucederá. Si has escuchado a todos tus maestros en línea y has leído todos tus libros de códigos secretos de la Biblia, si has calculado los años y semanas y días y luego los has comparado con las festividades del Antiguo Testamento, y has sumado las horas y finalmente adivinaste el día en que sucederá el rapto con un 100 % de seguridad, ¡felicitaciones! Has descubierto el día en el cual el rapto seguramente no ocurrirá. Jesús dijo que nadie lo sabría. Y tú eres un "nadie".

Segundo, no sucederá cuando tu pastor, tu predicador en línea o ese tipo del libro nuevo dice que va a ocurrir. No me importa si ellos entienden la numerología ancestral. No hay diferencia alguna si pueden leer el hebreo de atrás para adelante, de costado o en espiral. No importa los algoritmos que hayan creado, los enlaces que hayan descubierto con el Código Hammurabi, o su interpretación del último mito de la creación escrito en la pirámide de mármol rojo que dejó en tu porche una nave espacial. No importa qué herramienta están usando o que revelación especial alegan haber adquirido, sin dudas están completa y absolutamente equivocados. Cada maestro de la Biblia —incluido yo— también es un "nadie".

No te dejes atrapar en la emboscada de la fecha. Olvídate de las especulaciones. Huye de los que tienen una revelación especial o palabras proféticas respecto de señales y lunas y significados ocultos. Dios nos dio una Biblia que está escrita a un nivel que la mayoría de nosotros podemos entender claramente. No necesitas que nadie te descifre las palabras detrás de las palabras.

Además, nuestro enfoque debe estar menos en el *cuándo* y más en la verdad de que ciertamente ocurrirá. Y basándonos en las herramientas que hemos utilizado, sabemos que será pronto. ¿Qué significa *pronto*? Puede significar horas, días, meses o años. Con lo que puedo darte ánimo es con que somos las primeras personas en la historia de la iglesia que pueden decir verdaderamente que no pasarán generaciones desde ahora. Nunca antes *pronto* había sido tan pronto. Así que, ánimo. Aunque no sabemos la fecha exacta, su regreso está a la vuelta de la esquina.

8

UNA SEÑAL POR TODAS PARTES

Si bien el *cuándo* del fin de los tiempos tal vez no tenga el mismo nivel de importancia que la manera en que servimos al Señor en el corto período de tiempo que existe, sigue siendo significativo. De lo contrario, cuando los discípulos de Jesús se le acercaron en el Monte de los Olivos y le preguntaron: "Dinos, ¿cuándo serán estas cosas, y qué señal habrá de tu venida, y del fin del siglo?" (Mateo 24:3), les habría respondido: "No se preocupen. Tan solo continúen haciendo lo que les dije que hagan".

En cambio, si lo recuerdas, Jesús les respondió:

> Mirad que nadie os engañe. Porque vendrán muchos en mi nombre, diciendo: Yo soy el Cristo; y a muchos engañarán. Y oiréis de guerras y rumores de guerras; mirad que no os turbéis, porque es necesario que todo esto acontezca; pero aún no es el fin. Porque se levantará nación contra nación, y reino contra reino; y habrá pestes, y hambres, y terremotos en diferentes lugares. Y todo esto será principio de dolores (Mateo 24:4-8).

Jesús colocó la tribulación venidera en un escenario futuro al decir: "El mundo se verá de esta manera antes de la ira venidera". Solo después de que Él haya establecido el trasfondo global va a pasar a los sucesos reales de la tribulación al utilizar la palabra temporal "entonces": "Entonces os entregarán a tribulación, y os matarán, y seréis aborrecidos de todas las gentes por causa de mi nombre" (v. 9).

Primero esto, luego aquello. Primero el comienzo de los dolores, luego la ira.

¿Por qué Jesús sintió que era necesario incluir indicios de los tiempos? Porque es información esencial. Como ya hemos visto, Dios quiere que conozcamos sus planes y por ese motivo nos dio un libro repleto de principio a fin de información esencial. Reconocer la obra de Dios en el mundo que nos rodea y observar cómo encaja en sus planes del fin de los tiempos nos da una visión de quién es Él y cómo actúa. También nos permite ver cómo encajamos nosotros en sus propósitos.

Conocer sus tiempos también nos motiva, y ese es el propósito principal de este capítulo. Al examinar las señales del fin de los tiempos, tanto los dolores de parto como los preparativos globales, veremos cuán cerca estamos que se termine nuestro período en la Tierra. Oro para que en tu corazón suceda una de dos acciones. Si no eres cristiano, deseo que seas motivado para entregar tu vida a Cristo ahora que aún hay tiempo. Como veremos en los siguientes capítulos, la Tierra no es el lugar donde querrás estar cuando Dios derrame su ira. Si ya eres cristiano, estoy seguro de que cuando veas cómo se prepara el escenario para el regreso del Señor, tu amor por aquellos que te rodean se pondrá a toda marcha y te llevará a compartir la verdad para que ellos también puedan ser rescatados de la tribulación que pronto llegará.

LAS SEÑALES DE LOS TIEMPOS

Intentar comunicar la actual condición mundial en el formato de un libro es una tarea casi imposible, particularmente en medio del clima geopolítico de hoy en día. Es como si un padre llevase a su hijo al circuito de carreras para mostrarle su corredor preferido. Tan pronto como le señala el auto correcto, acelera para avanzar y desaparece. Para la mayoría de las editoriales se necesita todo un año desde el momento en que un autor presenta un manuscrito hasta que el libro llega a las estanterías. Incluso a la casa editorial de mis libros en inglés, Harvest House, que siempre encuentra la manera de hacer milagros, le lleva un mínimo de seis meses.

Aun así, es importante que tomemos una foto del mundo para poder compararlo con las señales de tiempos que la Biblia ha expuesto. Lo que sigue es una imagen de nuestro mundo mientras escribo estas palabras, pero entiendo que para el momento en que estés leyendo el libro, la situación global podría ser similar o muy diferente. Sin importar lo que ocurra entre ahora y entonces, no hay duda de que estos son los principios de dolores.

Señal #1: guerras y rumores de guerras

La guerra entre Rusia y Ucrania se encrudece, y el gran oso de Eurasia sigue teniendo ventaja. Europa impuso sanciones y lanzó amenazas, pero el presidente ruso Vladimir Putin sabe que tiene atrapada a la Unión Europea. ¿Qué es lo que le da poder? ¡La energía! Europa se permitió depender del gas ruso, y Moscú está cortando el suministro. "Estás militarizando nuestra energía", se quejan los europeos, a lo que Putin responde: "Sí, ¿y...?".

Entonces, de repente, los dos gasoductos subterráneos Nord Stream y Nord Stream 2 explotaron en las profundidades del Mar Báltico. Aunque el segundo gasoducto nunca se conectó, estaba allí a modo de respaldo. Ahora los dos han desaparecido y los problemas de Europa aumentaron. ¿Dónde buscan ayuda? En Israel y sus enormes yacimientos de gas. Si Israel le quita el poder a Rusia sobre Europa al suministrarle el gas al continente, será una situación que Putin y su gobierno no tolerarán.

Pero no es tan solo la región báltica donde se siente este particular dolor de parto. Sin importar dónde vivas, no tienes que mirar muy lejos para encontrar guerras y rumores de guerras. En África hay enfrentamientos transfronterizos entre Etiopía y Sudán, y hostilidades internas en Somalia, Nigeria y la República Democrática del Congo, la República Centroafricana, Mali, Chad y otras. La sangre sigue derramándose en países asiáticos como Afganistán y Myanmar, y se escucha un gran "rumor de guerra" que China alimenta continuamente al rodear por mar a Taiwán y sobrevolar el espacio aéreo de la isla. Medio Oriente es un caldo de cultivo de conflictos. Muchas vidas se pierden en Siria, Irak, Irán, Líbano, Yemen, Arabia Saudita, Israel, Gaza y Cisjordania. Para aquellos que se encuentran en Estados Unidos, tan solo necesitan mirar hacia al sur y ver la guerra contra la droga mexicana que se cobra miles de vidas y se extiende más allá de las fronteras.

En medio de todo este alboroto internacional se están formando alianzas que encajan como las piezas de un rompecabezas del escenario de Ezequiel 38. El poder de Irán está surgiendo, al tiempo que Europa y Estados Unidos disminuyen las sanciones para intentar firmar un débil pacto nuclear. Con el paso del tiempo, la probabilidad de firmar un acuerdo se ha reducido. Pero incluso si se lograse a un trato, ¿acaso alguien cree realmente que Irán detendrá sus aspiraciones nucleares? Incluso el Organismo Internacional de Energía Atómica (OIEA), una organización autónoma de las Naciones Unidas que pareciera hacer todo lo que puede para retratar a Teherán de la forma más idealizada, se vio obligado a reconocer que no se encontraba "en posición de poder asegurar que el programa nuclear de Irán sea exclusivamente pacífico".[14] Una confesión como esta de parte de la OIEA es el equivalente a escucharles decir: "No estamos seguros, pero el ayatolá debe tener un montón de armas nucleares en el sótano, detrás de las cajas con antiguos documentos.

Muchos me han preguntado si acaso creo que Irán utilizaría un arma nuclear contra Israel. No lo creo, al menos no de la manera tradicional de lanzarnos un misil. Es mucho más probable que les provean armas a sus aliados mediante un pequeño dispositivo o una bomba sucia que luego sea contrabandeada desde Siria o Gaza y detonada en Tel Aviv. Irán se convirtió en la versión terrorista de Fagin de *Oliver Twist*. Los líderes del régimen envían a las traviesas milicias aliadas a hacer el trabajo terrorista mientras ellos están cómodos y a salvo en sus palacios y reciben las recompensas.

A Teherán le encantaría ver destruida a Israel. Pero el régimen no quiere ser el que inicie la guerra. Su poder está creciendo, pero aún no es lo suficientemente fuerte para pelear. En cambio, prefiere que alguien más lance los ataques y luego sumarse. ¿No es entonces oportuno que Irán esté construyendo una amistad militar y económicamente más cercana con Rusia, la Gog de Ezequiel 38? Se ayudan mutuamente con armas: Irán le vende a Rusia drones militarizados y Rusia le vende a Irán aviones caza Sukhoi Su-35.[15] Rusia está permitiendo que las fuerzas iraníes se muevan hacia sus bases militares en Siria, debido a que Moscú se vio obligada a reubicar gradualmente su ejército en el Medio Oriente por el conflicto con Ucrania, lo que hace que Irán y sus aliados se acerquen cada vez más a la frontera de Siria con Israel.

¿Quién más se unirá a Rusia e Irán en esta alianza profana de Ezequiel 38? Turquía. Así que no debe sorprendernos ver los lazos que están creciendo entre Putin y el presidente de Turquía, Tayyip Erdogan. Turquía necesita amigos porque tanto su economía como su moneda caen en picada, y la nación pronto tendrá que encontrar la manera de impulsar la economía. Libia también aparece en el escenario de Ezequiel, y actualmente ese país se está hundiendo en el caos de un gobierno cuestionado y de personas que escapan para poder estar a salvo. ¿Quién está allí para ser su aliado más cercano y permanecer a su lado en este tiempo de dificultad? Turquía; luego de haber reestablecido vínculos estrechos allí por 2019 después de muchos años de hostilidad entre los países.[16] Las conexiones necesarias para la guerra profetizada en Ezequiel 38 se han forjado.

La pregunta sigue siendo la siguiente: ¿por qué motivo esta alianza atacaría a Israel como se predijo en Ezequiel 38? ¿Qué es lo que todos estos países pueden encontrar en esta pequeña nación? Muchísimo dinero y, como acabamos de ver con el yacimiento de gas en el litoral de Israel, el potencial de hacer mucho más dinero todavía. Recuerda que la guerra de Ezequiel 38 no se trata ni de fronteras, ni de religiones, ni de ayudar a los palestinos. Se trata de saqueos.

> Así ha dicho Jehová el Señor: En aquel día subirán palabras en tu corazón, y concebirás mal pensamiento, y dirás: Subiré contra una tierra indefensa, iré contra gentes tranquilas que

habitan confiadamente; todas ellas habitan sin muros, y no tienen cerrojos ni puertas; para arrebatar despojos y para tomar botín, para poner tus manos sobre las tierras desiertas ya pobladas, y sobre el pueblo recogido de entre las naciones, que se hace de ganado y posesiones, que mora en la parte central de la tierra. Sabá y Dedán, y los mercaderes de Tarsis y todos sus príncipes, te dirán: ¿Has venido a arrebatar despojos? ¿Has reunido tu multitud para tomar botín, para quitar plata y oro, para tomar ganados y posesiones, para tomar grandes despojos? (Ezequiel 38:10-13).

Hay guerras en curso y muchas otras están a punto de estallar. Se están formando alianzas que encajan con la profecía bíblica. Si bien en el pasado hubo tiempos en los que había más naciones involucradas en la pelea, nunca antes habían existido al mismo tiempo las guerras y las alianzas internacionales profetizadas.

Señal #2: Hambre

El mundo no fue creado para experimentar desastres. En su forma original, las placas tectónicas no se desplazaban, ni tampoco las grandes tormentas derribaban franjas de árboles o provocaban extensas inundaciones. Como vimos en un capítulo anterior, los desastres naturales son parte de la decadencia global que se desencadenó como resultado del pecado. Con el paso del tiempo, que nos acerca al comienzo del fin, los devastadores efectos naturales de la muerte al entrar a este mundo son mayores que nunca antes. Sin embargo, no deberíamos sorprendernos porque Jesús dijo que se esperaban "pestes, y hambres, y terremotos" (Mateo 24:7).

Con todo el progreso que se ha logrado en cuanto a tecnología agrícola, es increíble que el hambre siga siendo tan prevalente.

Pero Jesús les dijo a sus discípulos que la hambruna continuaría de forma trágica. En enero de 2022, el Programa Mundial de Alimentos identificó a Sudán del Sur, Nigeria, Etiopía y Yemen como los lugares con la mayor escasez de alimentos. Otras naciones están sintiendo el hambre debido a problemas climáticos. Entre estos países se encuentran Afganistán, Angola, Haití y Siria. Los conflictos militares provocan que muchas personas escapen de su hogar y sus medios de vida, lo que hace que haya escasez de alimentos en las bases de refugiados en la República Centroafricana, la República Democrática del Congo, Myanmar, Somalia, Sudán y la región de Sahel central, que incluye Burkina Faso, Malí y Níger.[17] Los regímenes déspotas a menudo controlan la ayuda internacional, lo que hace que los suministros de emergencia no lleguen a los hambrientos.

Señal #3: Pestes

En lo que se refiere a enfermedades, comparado a donde el mundo se encontraba los últimos dos años, estamos relativamente libres de pestes. El COVID-19 sigue a nuestro alrededor, pero ya no estamos en medio del pánico global. Aún hay grandes cantidades de virus merodeando, y creo que la próxima gran pandemia va a llegar más temprano que tarde.

Mi certeza de que pronto nos confrontará otra crisis sanitaria mundial no se origina en la creencia de que los virus mortales ahora emergen más rápido de lo normal. Mi convicción deriva de la realidad de que muchos gobiernos y líderes mundiales le tomaron el gusto al poder de la pandemia y no están listos para soltarlo. Es más fácil imponer la voluntad propia con una orden sanitaria como palanca. Se cierran los negocios, se cierran las escuelas, se cierran las iglesias. Se limita el movimiento, se limita el acceso, se limita la libertad. Te diremos lo que puedes hacer, cuándo puedes hacerlo y también con quién te permitiremos hacerlo. Los dos años anteriores fueron un caso de estudio global de las observaciones de Lord Acton: "El poder absoluto corrompe absolutamente". Estoy seguro de que, si no se desata una conveniente crisis sanitaria en un futuro cercano, el liderazgo mundial no dudará en crear una propia. De hecho, he escuchado acerca de un laboratorio en Wuhan, China, que tal vez tenga algo de experiencia al respecto.

Señal #4: Terremotos

El número de terremotos aumenta cada año. Se ha determinado que hay diferentes causas de este fuerte aumento. Algunos terremotos son provocados por el hombre a causa de la minería, las pruebas nucleares, la fracturación hidráulica, la extracción de recursos líquidos y gas y los ensayos nucleares. Otros son puramente naturales, ocasionados por el incremento del desplazamiento de las capas tectónicas o la liberación de energía subterránea provocada por las variaciones de la velocidad de rotación de la Tierra.[18]

No solo aumenta la frecuencia con que suceden los terremotos sino también la intensidad. Entre el 2004 y el 2014 se acrecentó un 265 % en comparación a los temblores mayores a 8.0 de magnitud del siglo anterior.[19] Los expertos sostienen que Japón, Nueva Zelanda y aquellos lugares situados a lo largo del inestable Cinturón de Fuego, pronto experimentarán grandes sacudones.[20] Para aquellos que viven en la costa oeste de Estados Unidos, los terremotos están cerca. Muchos predicen que el más devastador, El Grande, golpeará a California en 2030. Otros sostienen que la región que realmente tiene que preocuparse es el Noroeste del

Pacífico. Tal como lo llamó *The New Yorker*: "El peor desastre natural en la historia de América del Norte", el movimiento de las placas tectónicas la zona de subducción de Cascadia podría desencadenar un terremoto de magnitud 8.0 — 9.2 que podría devastar todo a su camino desde Seattle, Washington hasta el sur del Norte de California.[21]

Otro desastre natural que no se menciona en el Sermón del Monte tiene que ver con los incendios que están arrasando con bosques, tierras de cultivo y ciudades. No hace mucho, Reuters divulgó un recuento diario que incluía enormes incendios forestales en Corea del Sur, Argelia, Marruecos, Croacia, República Checa, Francia, Alemania, Grecia, Italia, Portugal, Rusia, España, Turquía, Canadá, Estados Unidos y Argentina.[22] En muchos casos, da la impresión de que lo que no está en llamas está inundado. Recientemente casi un tercio de Pakistán se encontraba bajo el agua, lo que provocó cerca de treinta mil millones de dólares en daños, y dejó una crisis humanitaria de proporciones épicas.[23]

Señal #5: Globalización

Las primeras cuatro señales enumeradas anteriormente se encuentran en la lista que Jesús les dio a los discípulos en el Sermón de Monte. Pero a medida que expandimos la mirada al resto de las Escrituras, existen otras transformaciones internacionales que deben tener lugar para que esté listo el escenario del comienzo de la tribulación y el surgimiento del Anticristo. Todas ellas tienen que ver con quiebre del individualismo y el excepcionalismo, tanto a escala particular como mundial.

Gobierno global

Mientras el Anticristo asciende a su lugar de poder, las personas de muchas naciones estarán dispuestas a renunciar a su lealtad nacional y formar alianzas con este hombre. El rompimiento de los lazos de un ciudadano con su país es un enorme cambio en su forma de pensar que, excluyendo algunas traiciones nacionales importantes, no sucede de la noche a la mañana. Piensa en ello: ¿qué te llevaría a decir que ya no eres estadounidense, sudafricano, británico o filipino? Después de toda una vida viviendo en mi país y los años de servicio militar, no me puedo imaginar dándole la espalda a ser israelí. Esa clase de cambio de perspectiva trascendental lleva tiempo y reduce de forma intencional la confianza nacional. Ese es el tipo de cambio que se fomenta en la actualidad.

Tomar el lugar del patriotismo y el orgullo nacional es una sensación en la que todos somos uno. Nos olvidamos de las fronteras y las divisiones étnicas. Todos somos parte de una sola raza: la raza humana. Ciertamente esta forma de pensar tiene un lado positivo. El racismo, sea personal o sistemático, no tiene lugar en el mundo y en especial en la iglesia. La manera en que tantas personas han utilizado la Biblia para poner por encima una raza y denigrar a otra es un mal uso de la palabra de Dios.

"¡Pero espera, Amir! ¿Acaso no siempre dices que Dios ama a los judíos y tiene un plan especial para la nación de Israel? ¿No es eso poner por encima a una raza? ¿Eso no te convierte en alguien racista?". Permíteme comenzar desde la última pregunta y retroceder. No, no me hace una persona racista. No, no es poner por encima una raza. Y sí, Dios ama a los judíos y, sin duda, tiene un plan especial para ellos.

Todos somos siervos de Dios y somos iguales ante sus ojos. El Espíritu Santo le da ciertos dones a una persona y otros diferentes a otra. ¿Hay un don mejor que otro? En absoluto. Para poder usar todos los dones necesarios para el bien de todas las personas, el Espíritu Santo llama a una a un ministerio y a otra persona distinta a otro ministerio. Como escribió Pablo:

> Ahora bien, hay diversidad de dones, pero el Espíritu es el mismo. Y hay diversidad de ministerios, pero el Señor es el mismo. Y hay diversidad de operaciones, pero Dios, que hace todas las cosas en todos, es el mismo. Pero a cada uno le es dada la manifestación del Espíritu para provecho (1 Corintios 12:4-7).

Todos tienen dones. Todos son llamados. Todos son amados por igual y se encuentran al mismo nivel dentro de la familia de Dios. ¿Tengo una bendición especial debido al ministerio que Él me ha dado? Hazme esa pregunta cuando me despido de mi familia en el aeropuerto sabiendo que no la veré durante las siguientes cuatro semanas.

El pueblo de Israel fue llamado por Dios para una tarea especial: ser la nación que hable por Él al mundo. ¿Se debe a que Dios la ama más, o porque había algo especial en ella? No. Solo que, al igual que con los dones y los llamados, Dios simplemente hizo esta elección. En el caso de Israel, quería una nación que reflejara su gloria. En su perfecta sabiduría eligió a los judíos, a pesar de saber que fracasarían completamente en su misión. ¿Acaso la fidelidad de Dios hacia los judíos no te anima al saber que a pesar de tus fracasos y los míos, Dios aún nos ama profundamente y sigue permitiendo que le sirvamos?

Si bien la extensión de la globalización quizá derribe ciertas divisiones raciales, es la erosión de las fronteras nacionales lo que tendrá el mayor impacto en la dirección que tome nuestro mundo. El gobierno del Anticristo verá una alianza similar a la de la Unión Europea (EU), pero a una escala global. Actualmente la Unión Europea abarca más de cuatro millones de kilómetros cuadrados (1,5 millones de millas cuadradas) y allí habitan más de 447 millones de personas.[24] En conjunto, las naciones miembros comparten un órgano de gobierno, un sistema judicial y una moneda. La actitud dentro de la Unión Europea de unidad e integración ya está lista para que se levante un único líder. No es de extrañar que el Anticristo probablemente surja de esta alianza.

En la visión de Daniel de las cuatro bestias, la cuarta y más despiadada representa al Imperio romano, un poder que aplastó a las otras naciones del mundo. De esta bestia saldrán diez cuernos, que son diez reyes. Esto es Europa, que ha surgido de lo que era el imperio romano de Occidente. De estos diez cuernos brotará un cuerno más que los gobernará a todos:

> Entonces tuve deseo de saber la verdad acerca de la cuarta bestia, que era tan diferente de todas las otras, espantosa en gran manera, que tenía dientes de hierro y uñas de bronce, que devoraba y desmenuzaba, y las sobras hollaba con sus pies; asimismo acerca de los diez cuernos que tenía en su cabeza, y del otro que le había salido, delante del cual habían caído tres; y este mismo cuerno tenía ojos, y boca que hablaba grandes cosas, y parecía más grande que sus compañeros. Y veía yo que este cuerno hacía guerra contra los santos, y los vencía, hasta que vino el Anciano de días, y se dio el juicio a los santos del Altísimo; y llegó el tiempo, y los santos recibieron el reino (Daniel 7:19-22).

Muchos en Estados Unidos podrían decir: "¿Pero realmente es posible que esta clase de gobierno internacional centralizado se extienda por todo el mundo, en especial hacia nosotros? Fuimos formados en base a la libertad individual y el excepcionalismo". Es verdad. Pero observa con qué rapidez tu "libertad individual" colapsó cuando la pandemia azotó tu nación. Ahora imagina lo siguiente: llegará el día en que millones de ciudadanos desaparecerán de repente. Además de la devastación inicial derivada de las tremendas consecuencias de los cientos de miles de autos sin conductor y los numerosos aviones sin piloto, el subsiguiente colapso económico no se comparará con nada que Estados Unidos haya experimentado jamás. Las personas buscarán ayuda, esperanza y paz. Si la seguridad y la estabilidad frente a todo ese tipo de terror significara ceder un poco de soberanía nacional y un poco de libertad personal, es un trato al que, incluso para ustedes, mis queridos amigos de Estados Unidos, sería difícil decirle que no.

Economía global

Nunca antes tantas naciones del mundo han estado tan abiertas a la homogeneización. Ya hemos mencionado la apertura al gobierno global demostrada por la Unión Europea. También existe una economía global que se extiende, en la que el éxito y los fracasos de algunos países posee un enorme impacto en la estabilidad económica de muchos otros.

Una vez más, la Unión Europea es una perfecta demostración de este hecho. Mientras escribo estas palabras, Rusia continúa torciéndole a Europa el garrote de la energía alrededor de la garganta, esperando que Europa diga "Tío" y suelte las sanciones. Las acciones de Rusia no solo provocan recortes de gas en la Unión Europea, sino que han llevado a las naciones de la

Organización de Países Exportadores de Petróleo a disminuir su producción para hacer que los precios del crudo suban. ¿Quiénes pagan? Todos los países que dependen de estas naciones para obtener el gas y el petróleo. El recorte de energía afecta grandemente el euro, y lo hizo caer por debajo del dólar estadounidense a su número más bajo en veinte años. Si bien eso podría ser un beneficio para los turistas estadounidenses que viajan a Europa, es una fuente de gran preocupación para las empresas norteamericanas que producen bienes para entidades europeas que podrían no ser capaces de pagar esos productos.[25]

La economía global también puede observarse en el generalizado aumento de la inflación. El Pew Research Center analizó la economía de cuarenta y cuatro países y, en treinta y siete de ellos, el índice de inflación para el primer trimestre de 2022 era de al menos el doble que el mismo trimestre de 2020. En dieciséis de esos países era cuatro veces mayor a la primera cifra. Aunque el índice de inflación de Israel es relativamente bajo, ocupa los primeros puestos en la lista de cambios de índices en ese período. El índice de 3,36 % es veinticinco veces mayor al que tenía previamente.[26]

La economía global no es saludable, y cuando la iglesia sea quitada, tocará fondo. El mundo estará listo para que alguien dé un paso adelante y corrija el sistema financiero internacional. En cuanto a lo individual, para una creciente cantidad de personas, la banca personal ya la gestiona completamente a través de una llamada telefónica. ¿Qué importa si su banco es una entidad local o internacional? Todo lo que querrán es estabilidad, y eso es algo que el Anticristo proporcionará rápidamente.

Cultura global

Me he pasado la última década y media de mi vida viajando adonde quiera Dios me llamase para enseñar su palabra. He estado en más países de los que puedo contar, he visitado seis o siete continentes. Hay dos constantes que veo sin importar dónde vaya, desde los países más ricos hasta aquellos que pelean contra la pobreza: la mayoría de las casas tienen antenas satelitales y casi todos tienen teléfonos móviles.

El mundo es más pequeño de lo que jamás haya sido, y la razón es la tecnología. A través de la televisión, internet y las redes sociales, Occidente ha exportado su cultura a lo largo de todo el mundo. Tal vez haya diversidad en la apariencia y en el idioma de una persona a otra, pero la música que escuchan, los videos de TikTok que miran y las series de televisión que siguen son iguales. El mundo se redujo al tamaño de la pantalla de una computadora. Un adolescente en Boise, Idaho, puede iniciar sesión en un videojuego y jugar contra un empleado milenial en un centro de llamadas en Bangalore, un empleado bancario de cuarenta y dos años en Davao y un niño de ocho años en Buenos Aires.

La tecnología no solo une a las personas a través de las líneas internacionales, sino que también se está utilizando para derribar los estándares morales de muchas naciones al presentar el pecado como algo normal. La televisión, las películas y las redes sociales buscan intencionalmente presentar la homosexualidad, la transexualidad, el aborto, el sexo fuera del matrimonio, el uso de marihuana, la convivencia y cualquier otro vicio que se te pueda ocurrir como algo aceptable, y en muchos casos, loable. Al mismo tiempo, estos medios de comunicación presentan como alguien anticuado, intolerante y lleno de odio a cualquier persona que se oponga a estas actividades. Se ha llegado a un punto en que incluso hablar en contra de lo que la Biblia expone claramente como pecado puede llevar a ataques verbales y físicos y a una cancelación de la cultura. La generación más joven está siendo militarizada, y el inicio de la "vigilancia policial" puede verse en los actos violentos del movimiento Antifa y otros grupos anarquistas en muchos países occidentales.

En el pasado la forma de pensar "ellos contra nosotros" se basaba en las fronteras o en la ideología política. La Guerra Fría y la guerra contra el terrorismo después del 11-S unieron dentro de sus propios países a los ciudadanos que querían protegerse de la maldad externa. Pero ahora se les dice a las personas que busquen a sus enemigos en su ciudad, en su barrio y en su familia. Las personas malas son aquellas que no piensan igual que nosotros. El "nosotros" se extiende a través de los límites internaciones a cualquier persona que está de acuerdo con ese punto de vista de aceptación e inclusión. Puedes encontrar el "ellos" entre la gente cristiana, conservadora e "intolerante". Cuando sea el tiempo de que el Anticristo dé un paso al frente, aprovechará esta manera de pensar del "nosotros", y las personas estarán listas para seguirlo el mismo ritmo.

Religión global

Cuando el Anticristo tome su lugar no será tan solo un líder político, sino también espiritual. No solo unirá la forma de pensar de las personas, sino que captará su corazón, lealtad y adoración. Esto ha llevado a especular acerca de qué tradición religiosa se va a levantar. ¿Será un papa de la iglesia católica? ¿Será acaso un imán que lidere a las personas de acuerdo con el islam? ¿Será un secular que aplicará las ideas del humanismo y la creencia de que

Dios está muerto? ¿Existe acaso un sistema religioso unificado que podría utilizar para llevar a las personas de distintas creencias bajo una misma denominación?

La respuesta es sí. Es la religión del cambio climático. Lo que empezó como simple medioambientalismo que promociona la protección de la Tierra, se ha convertido en una nueva fe completa, con sus propias leyes, credos y cruzadas. Entre sus apóstoles se encuentran políticos liberales, educadores, la izquierda de Hollywood y todas las clases de las redes sociales. A través de su trabajo misionero, el evangelio del cambio climático se adentró en las raíces mismas de la cultura global. Debido a cuán profundamente arraigada está, cruza todos los límites, ya sean nacionales, políticos, generacionales o religiosos. El fallecido físico teórico y matemático, Freeman Dyson, describió el arraigamiento y la aceptación universal del cambio climático de la siguiente manera:

> El ambientalismo reemplazó al secularismo como la principal religión secular. Y la moral del ambientalismo es fundamentalmente sólida. Los científicos y los economistas pueden estar de acuerdo con monjes budistas y activistas cristianos en que la despiadada destrucción del hábitat natural es malo y que la conservación de las aves y las mariposas es bueno. La comunidad mundial de ambientalistas —la mayoría de ellos no son científicos— sostienen la moral elevada, y está llevando a la sociedad humana hacia un futuro de esperanza. El ambientalismo, como religión de esperanza y respeto hacia la naturaleza, está aquí para quedarse. Es una religión que podemos compartir todos, creamos o no que el calentamiento global sea dañino.[27]

Tras las consecuencias del rapto y la devastación de la guerra de Ezequiel 38, se presentará un hombre con un mensaje de esperanza, no solo para la humanidad sino para el planeta. Su programa declarará audazmente que solo tenemos una Tierra y que todas las personas en todas partes tienen la responsabilidad de protegerla. En la cultura hedonística de la época, esta es la única causa unificadora que todos pueden apoyar, y aquella por la cual sentirse bien al mismo tiempo que hacen pequeños sacrificios para la gran diosa Gea.

EL ESCENARIO ESTÁ LISTO

Si alguna vez has actuado en un escenario, conoces la sensación que se tiene justo antes del espectáculo. El maquillaje está listo. El vestuario preparado. La decoración está en su lugar y todos están en sus puestos. Todo lo que necesitan ahora es que se abra el telón.

Ahí es donde nos encontramos cuando se trata del arrebatamiento. Como hemos visto, el sufrimiento o los dolores de parto de los que Jesús habla en el Sermón del Monte están activos y crecen en intensidad. Se ve con claridad que el mundo cambió a una forma de pensar global, de tal manera que lo único que falta para la venida del Anticristo es la alfombra roja.

¿Quieres que te dé una fecha para el arrebatamiento o para el momento en que comience la tribulación? Lo siento, pero no puedo. Nadie puede. Aunque puedo asegurarte que no somos la última generación, sino que estamos en el tiempo dentro de la última generación en que todo se encuentra en su lugar para que el telón se levante en cualquier momento.

9

EL EMPERADOR
Y EL POLÍTICO

Hace muchos años, el comediante estadounidense Jeff Foxworthy hacía unos chistes que terminaban con "...debes ser un campesino de tez blanca". Aquí van algunos ejemplos:

> Si crees que la Riviera francesa es un auto importado, debes ser un *redneck*.
>
> Si crees que el polerón es un ingrediente fundamental para la sopa, debes ser un *redneck*.
>
> Si alguna vez buscaste cambio en el plato de la ofrenda, debes ser un *redneck*.[28]

Ahora bien, debo admitir que, como israelí, no sé casi nada sobre personas cuyo color de piel en el cuello se acerca más a un tono rosado. La tez de las personas de donde yo provengo varía de un tono oliva al castaño medio oscuro. Pero no pude evitar pensar en esta comedia corta como un abordaje a los siguientes tres capítulos. Hemos pasado mucho tiempo mirando el por qué no estamos actualmente en la tribulación. Pero para todos los que estén leyendo este libro y no hayan dado el paso de recibir a Jesús como Señor y Salvador, pensé que sería útil hacerles saber cómo estar seguros de que la tribulación realmente ha comenzado.

SIETE AÑOS LLENOS DE IRA

Si has visto el levantamiento del Anticristo, definitivamente te encuentras en la tribulación.

Como vimos en el capítulo 6, muchos cristianos creen que los siete años de tribulación se dividen entre los primeros tres años y medio de una relativa paz y los tres años y medio posteriores llenos de horribles juicios, conocidos como la ira de Dios. Esta no es una doctrina bíblica. Piensa en ello: ¿en este momento qué evita que el mundo pierda la cabeza? Es el Espíritu Santo. Es el factor mediador que habita en cada creyente y obra a través de cada uno para impactar a la sociedad. Pero cuando llegue el rapto, la tarea protectora del Espíritu Santo va a cesar:

> Y ahora vosotros sabéis lo que lo detiene, a fin de que a su debido tiempo se manifieste. Porque ya está en acción el misterio de la iniquidad; solo que hay quien al presente lo detiene, hasta que él a su vez sea quitado de en medio. Y entonces se manifestará aquel inicuo, a quien el Señor matará con el espíritu de su boca, y destruirá con el resplandor de su venida (2 Tesalonicenses 2:6-8).

Actualmente el mundo no está preparado para el surgimiento del Anticristo. La influencia de la justicia divina que genera el

Espíritu Santo y que se extiende por la iglesia es muy grande. Pero una vez que la iglesia y la tarea protectora del Espíritu Santo se hayan ido, no quedará nada que frene el pecado en la sociedad global. ¿Te imaginas cómo será el mundo? Una vez que desaparezca la conmoción inicial de millones de personas, y que la población que haya quedado se dé cuenta de quién se ha ido, habrá celebraciones y bailes en las calles. ¡La policía de la moral habrá abandonado el edificio! Toda fiesta necesita un aguafiestas, ¡pero ahora todos los aguafiestas habrán desaparecido!

El deterioro y la degradación cultural serán rápidas y devastadoras. Será un festival de impiedad, caos, muerte, engaño, temor y enojo. Ya no habrá ningún factor de mediación que incluya la misericordia, la gracia, el amor, la esperanza, la paz y la vida de Dios. En cambio, el que estará a cargo es el mismo que solo viene a "hurtar y matar y destruir" (Juan 10:10). Es quien le dará al Anticristo el poder, el trono y la autoridad.

Por esta razón, aquellos que dicen que la primera parte de la tribulación no será nada más que un mar en calma, están perdiendo de vista el tsunami que con velocidad se acerca a la costa. Ese tiempo no solo estará plagado de inmoralidad, criminalidad y violencia, sino que también se experimentará la descarga completa de la ira de Dios. Que el sufrimiento se extiende a lo largo de la toda la semana final, o siete años, de la profecía de Daniel lo dejan muy en claro el mismo profeta y el apóstol Pablo.

La palabra hebrea que Daniel utiliza para el tiempo del castigo de Dios en la Tierra es: זעם, *zaam*. En español, la palabra se traduce como "ira, furia, indignación". Es lo que el mundo experimentará al final de las setenta semanas de Daniel.

En el capítulo 8 de Daniel encontramos esta palabra asociada a la tribulación. El profeta tuvo una visión en la que se encontraba junto al río Ulai, que estaba en Susa (en el actual Irán). Levantó los ojos y vio un carnero; tenía dos largos cuernos, uno era más largo que el otro, y era feroz. Arremetió hacia el oeste y todos salieron corriendo. Arremetió hacia el norte y todos salieron corriendo. Arremetió hacia el sur y, obviamente, todos salieron corriendo. Nadie podía mantenerse en pie delante de ese poderoso carnero.

De repente, el profeta escuchó un sonido que venía del oeste. Se dio vuelta y un macho cabrío corrió hacia el carnero con tanta velocidad y poder que las pezuñas no tocaban siquiera el suelo. Justo entre los ojos, el macho cabrío tenía un cuerno, y era aterrador. Para cuando el carnero vio al macho cabrío ya era demasiado tarde. La colisión debe haber sido ensordecedora. Los dos poderosos cuernos del carnero que habían sido tan aterradores, ahora estaban destrozados, y la bestia cayó al suelo. No conforme con que su derrotado enemigo se pueda escabullir, el macho cabrío hizo un pequeño baile de victoria y pisoteó a su rival.

Si estás pensando: "Qué sueño más extraño, Daniel", sigue leyendo. El macho cabrío era ahora todopoderoso y se pavoneaba confiado en su fuerza caprina. Pero en medio de la demostración de su autoridad, su poderoso cuerno se rompió. En su lugar, crecieron cuatro nuevos cuernos, cada uno en distinta dirección. Entonces, de aquel cuarteto de cuernos surgió un cuerno más. Era muy pequeño, al menos al principio. Pero empezó a crecer y, o tenía forma de espiral o tenía tres puntas, porque apuntaba al sur, al este y al oeste, hacia Tierra Santa.

Si estás pensando: "Más extraño todavía, Daniel", sigue leyendo. Este cuerno siguió creciendo y creciendo hasta que llegó al cielo, donde derribó a algunas de las huestes celestiales y las pisoteó. Incluso se enfrentó al príncipe de los ejércitos

(Daniel 8:11), y el cuerno detuvo el continuo sacrificio y profanó el templo. Usurpó el continuo sacrificio en el altar y ahora el cuerno era quien recibía la adoración. ¿Puedes hacerte una idea tal vez de quién es el cuerno? La visión termina con las siguientes palabras: "...y echó por tierra la verdad, e hizo cuanto quiso, y prosperó" (v. 12).

Afortunadamente para Daniel y para nosotros, el ángel Gabriel se encontraba allí para explicar esta descabellada visión. Ya llegaremos a la explicación, pero primero quiero echar un vistazo a la manera en que el ángel portavoz de Dios presenta la descripción. En primer lugar, deja en claro que esta visión mira hacia eventos de un futuro lejano: "Vino luego cerca de donde yo estaba; y con su venida me asombré, y me postré sobre mi rostro. Pero él me dijo: 'Entiende, hijo de hombre, porque la visión es para el tiempo del fin'" (Daniel 8:17). Luego dice: "He aquí yo te enseñaré lo que ha de venir al fin de la ira; porque eso es para el tiempo del fin" (v. 19). Dice que la visión tendrá su mayor cumplimiento en el tiempo final. ¿Qué parte del tiempo del fin? Al fin de la ira. Recuerda que ira es otra manera de decir furia, o *zaam*. En la última parte de la ira, el Anticristo se declarará a sí mismo dios. Si la profanación del templo tiene lugar en la mitad de la tribulación, entonces eso significa que los siete años constituyen la ira de Dios. La tribulación no tiene una primera parte tranquila.

Es sobre esta ira de la que Pablo habla que seremos rescatados. En el Nuevo Testamento en griego, la palabra "ira" es una traducción de la palabra *orge*, y se utiliza treinta y cuatro veces. Cuando miramos la traducción griega del libro de Daniel en hebreo, podemos ver que *orge* es el término que se utilizó para traducir *zaam*. Por lo tanto, cuando Pablo usó *orge* para describir la ira de Dios, lo entendía como los siete años descritos por el profeta Daniel.

Así que, cuando Pablo escribió a la confundida iglesia de Tesalónica sobre "Jesús, quien nos libra de la ira venidera" (1 Tesalonicenses 1:10), se refería a la tribulación completa, no tan solo a la segunda mitad. Y observa la preposición "de". No "a través" o "en" o "durante". Jesús nos libra *de* la ira venidera.

¿Por qué? Porque la ira no es para nosotros. "Porque no nos ha puesto Dios para ira, sino para alcanzar salvación por medio de nuestro Señor Jesucristo, quien murió por nosotros para que ya sea que velemos, o que durmamos, vivamos juntamente con él" (1 Tesalonicenses 5:9-10). Él no dijo que Dios no nos designó para recibir la mayor parte de la ira o la mitad de ella. Los siete años completos de la ira de Dios no son para la iglesia.

CUMPLIMIENTO DOBLE

Al inicio de la tribulación —de nuevo, los siete años completos— el Anticristo hará su aparición. Una idea errónea típica es que la mayoría de lo que sabemos sobre este siervo de Satanás se encuentra en el Nuevo Testamento. Pero como acabamos de ver, en las visiones de Daniel hay profecías claras de su venida, actividades y eventual desaparición.

Al igual que muchos otros profetas como Joel y Jeremías, los mensajes dados a Daniel tienen un cumplimiento doble. Un gran ejemplo de ello se encuentra en las profecías de Isaías. El rey Acaz de Judá era un hombre malvado. Adoraba tanto a los ídolos que llegó al punto de colocar un altar pagano en el lugar del templo al lado del verdadero altar. Su depravación los llevó a sacrificar a su propio hijo en el fuego para un falso dios. Sin embargo, el amor del Señor por su pueblo era más grande que la degeneración de sus acciones y de ese monarca.

Cuando las fuerzas arrolladoras del rey Rezín de Siria y del rey Peka de Israel llegaron marchando contra el rey Acaz y redujeron su ejército, Dios intervino. Envió a Isaías y a su hijo, Sear-jasub, con un mensaje para el rey. "No temas. Lo tienes. De hecho, no pasará mucho tiempo hasta que el reino del norte de Israel ya no exista más". La fe del rey era tan débil que el Señor le ofreció darle una prueba de su sinceridad. Pero Acaz, en su rebelión idólatra, se negó a pedir una señal, muy posiblemente porque ya había decidido ignorar la promesa de Dios y en su lugar buscar ayuda en el poderoso imperio asirio.

De todas formas, el Señor determinó darle al obstinado rey una señal de su fidelidad. Isaías le trajo el siguiente mensaje:

> Dijo entonces Isaías: Oíd ahora, casa de David. ¿Os es poco el ser molestos a los hombres, sino que también lo seáis a mi Dios? Por tanto, el Señor mismo os dará señal: He aquí que la virgen concebirá, y dará a luz un hijo, y llamará su nombre Emanuel. Comerá mantequilla y miel, hasta que sepa desechar lo malo y escoger lo bueno. Porque antes que el niño sepa desechar lo malo y escoger lo bueno, la tierra de los dos reyes que tú temes será abandonada. Jehová hará venir sobre ti, sobre tu pueblo y sobre la casa de tu padre, días cuales nunca vinieron desde el día que Efraín se apartó de Judá, esto es, al rey de Asiria" (Isaías 7:13-17).

Era una profecía con buenas y malas noticias. Las buenas eran que para el tiempo en que una joven mujer se casara, concibiera, tuviese un hijo y luego lo destetara, tanto el rey Rezín como el rey Peka ya no estarían. "Esa será mi obra, ese niño será la evidencia de Emanuel, el hecho de que aún estoy contigo, Judá". Las malas noticias eran que Dios sabía que, de todas maneras, iban a acudir por ayuda a Tiglat-pileser III rey de Asiria. "Vendrá sin problemas", le prometió Dios. "Pero los saqueará y terminarán siendo vasallos de Asiria". A los pocos años ambas profecías se cumplieron.

Pero, como seguramente ya te has dado cuenta, también hay un cumplimiento lejano en la profecía de Isaías. Cuando hablaba en nombre de Dios, no solo hacía referencia a la salvación física de Judá, sino al Salvador espiritual para toda la humanidad. José estaba comprometido con una joven llamada María. Pero antes de que casaran ella quedó embarazada. José aún estaba intentando descifrar cómo ponerle fin al compromiso sin añadirle más vergüenza a su prometida, cuando recibió una visita inesperada.

> Y pensando él en esto, he aquí un ángel del Señor le apareció en sueños y le dijo: José, hijo de David, no temas recibir a María tu mujer, porque lo que en ella es engendrado, del Espíritu Santo es. Y dará a luz un hijo, y llamarás su nombre JESÚS, porque él salvará a su pueblo de sus pecados. Todo esto aconteció para que se cumpliese lo dicho por el Señor por medio del profeta, cuando dijo: He aquí, una virgen concebirá y dará a luz un hijo, Y llamarás su nombre Emanuel, que traducido es: Dios con nosotros" (Mateo 1:20-23).

La profecía dada siglos antes y cumplida por los sucesos contemporáneos tuvo un cumplimiento mucho más grande cuando

Jesús, el verdadero "Dios con nosotros", nació de una virgen. Al volver a estudiar con más detalle Daniel 8, debemos tener en cuenta esta profecía de doble cumplimiento. Algunas personas sostienen que estas palabras tuvieron su consumación en las acciones de los líderes militares que se levantaron dentro de la misma generación a lo largo de la vida de Daniel. Tienen toda la razón. Sin embargo, sería prematuro mover luego la visión a la columna de "profecía completamente cumplida" del registro. Aún hay mucho más por suceder. Así que, mientras estudiamos Daniel 8, miraremos hacia atrás en la historia. Pero también observaremos el futuro.

El cumplimiento cercano

Para poder entender verdaderamente el cumplimiento futuro, necesitamos entender primero el cercano. La visión de Daniel comienza con un carnero:

> Alcé los ojos y miré, y he aquí un carnero que estaba delante del río, y tenía dos cuernos; y aunque los cuernos eran altos, uno era más alto que el otro; y el más alto creció después. Vi que el carnero hería con los cuernos al poniente, al norte y al sur, y que ninguna bestia podía parar delante de él, ni había quien escapase de su poder; y hacía conforme a su voluntad, y se engrandecía (Daniel 8:3-4).

Este poderoso animal representaba al imperio medo-persa o aqueménida. Fueron los medo-persas los que finalmente tuvieron la fuerza, bajo Ciro el Grande, para derrocar al poderoso imperio babilónico menos de tres décadas después de la muerte del gran rey Nabucodonosor de Babilonia. Durante más de dos siglos, luego de que los medo-persas llegaron al poder, nadie pudo oponerse a este poderoso carnero.

Más tarde, en 333 a. C., irrumpió un macho cabrío. Joven, poderoso, y en su papel militar, este personaje fue el más grande de todos los tiempos: Alejandro Magno, el soberano de Macedonia. El imperio macedónico entró a toda prisa con el cuerno de Alejandro liderando el camino, le dio un cabezazo al carnero y lo dejó en el olvido:

> Mientras yo consideraba esto, he aquí un macho cabrío venía del lado del poniente sobre la faz de toda la tierra, sin tocar tierra; y aquel macho cabrío tenía un cuerno notable entre sus ojos. Y vino hasta el carnero de dos cuernos, que yo había visto en la ribera del río, y corrió contra él con la furia de su fuerza. Y lo vi que llegó junto al carnero, y se levantó contra él y lo hirió, y le quebró sus dos cuernos, y el carnero no tenía fuerzas para pararse delante de él; lo derribó, por tanto, en tierra, y lo pisoteó, y no hubo quien librase al carnero de su poder (vv. 5-7).

En la Batalla de Issos, en 333 a. C., Alejandro el Magno derrotó a Darío III y se cumplió la profecía que Daniel había dado doscientos años antes. Finalmente, el victorioso héroe llegó a Jerusalén y entró en el Monte del Templo. El sumo sacerdote estaba allí esperándolo y dijo algo como: "Bienvenido, Señor Magno. Lo hemos estado esperando".

Sorprendido, Alejandro respondió: "¿De qué estás hablando?". No tenemos la transcripción, así que las palabras exactas deben haber sido un poco diferentes.

Como respuesta, el sumo sacerdote abrió las Escrituras y le mostró la profecía de Daniel acerca de que Grecia, o Macedonia, derrotaría a los medo-persas. Alejandro estaba tan asombrado de que las Sagradas Escrituras hubiesen profetizado sobre él, que ordenó que el templo de los judíos no fuese destruido. Se convirtió en el único templo de una religión extranjera que no se ordenó su destrucción. ¿Quién sabe qué cosas más podría haber logrado este poderoso conquistador si se le hubiese dado más tiempo? En cambio, siete años después de conquistar a los persas, murió bajo circunstancias misteriosas a los 32 años en el palacio babilónico del antiguo rey Nabucodonosor.

Con ese único cuerno desaparecido, al macho cabrío le salieron cuatro más:

> Y el macho cabrío se engrandeció sobremanera; pero estando en su mayor fuerza, aquel gran cuerno fue quebrado, y en su lugar salieron otros cuatro cuernos notables hacia los cuatro vientos del cielo. Y de uno de ellos salió un cuerno pequeño, que creció mucho al sur, y al oriente, y hacia la tierra gloriosa (vv. 8-9).

Junto con la juventud, a menudo viene una sensación de invencibilidad. Es probable que Alejandro haya pensado que tenía décadas por delante antes de considerar quién lo sucedería. Así que, cuando murió inesperadamente, no había establecido ningún plan de sucesión. Antes de su muerte, había dividido la supervisión de su imperio entre cuatro de sus generales, Casandro, Lisímaco, Tolomeo y Seleuco, al nombrarlos sátrapas o gobernadores. Luego de las traiciones, los asesinatos y cosas por el estilo, cada uno de ellos se hizo cargo de su región. El gran cuerno se había ido y fue reemplazado por otros cuatro, exactamente como había dicho la profecía de Daniel.

En nuestra historia solo nos interesa uno de ellos: Seleuco. Se le había entregado la supervisión de Siria, Mesopotamia y otras zonas al este. De acuerdo con el ángel de Daniel, de este cuerno crecería uno pequeño. Seleuco estableció su gobierno durante los siguientes cuarenta años y se convirtió en el fundador del imperio seléucida. Pasaron noventa años en los que este imperio tuvo sus altibajos. Luego, Antíoco III el Grande tomó las riendas. Antes de su ascensión el imperio, había pasado uno de sus momentos difíciles debido a las derrotas militares en manos de Tolomeo III de Egipto, las regiones que se separaban y declaraban su independencia e, incluso, guerras civiles y conflictos familiares. Cuando Antíoco III tomó el mando como emperador, cambió todo eso. Era un guerrero cuyas victorias iluminaron un poco la cresta seléucida.

En ese tiempo, Jerusalén estaba ubicada dentro de la zona fronteriza entre los imperios seléucida y ptolemaico, así que ocasionalmente pasaría de un bando a otro. Después de que Antíoco III llegó al trono, los judíos decidieron que estaban cansados de la vigilancia de Tolomeo y le abrieron las puertas de Jerusalén al gobernador seléucida. Inmediatamente él echó fuera a los egipcios. Agradecido por lo que habían hecho los judíos, Antíoco III fue amigable con ellos y recompensó su lealtad. Antíoco III no era el pequeño cuerno; solo fue quien preparó el escenario para él: su hijo Antíoco IV.

Algunos años después de la muerte de su padre, Antíoco IV fue nombrado emperador. Corría el año 175 a. C., y gobernaría hasta su muerte nueve años después, a la edad de cincuenta y un años. Antíoco IV no se encontraba en la línea sucesoria al trono.

Después de la muerte de su padre, su hermano Seleuco IV Filo-
pátor se convirtió en emperador. Pero a los doce años de su gobierno, fue asesinado. El heredero era su hijo, Demetrio I Sóter.
Este solo tenía diez años y lo mantenían como rehén en Roma.
Aprovechando la oportunidad, Antíoco IV se declaró a sí mismo
emperador y acaparó el apoyo necesario para usurparle el trono
a su joven y ausente sobrino. Esta clase de engaño fue la marca
registrada de su reinado y encaja perfectamente con la descripción de Daniel: "Con su sagacidad hará prosperar el engaño en
su mano; y en su corazón se engrandecerá, y sin aviso destruirá
a muchos; y se levantará contra el Príncipe de los príncipes, pero
será quebrantado, aunque no por mano humana" (v. 25).

Hoy en día, cuando se dice que una persona tiene el complejo
de un dios, típicamente se refiere a que es alguien narcisista y
con un fuerte sentido de privilegios, superioridad e infalibilidad.
Antíoco IV tenía el verdadero complejo de un dios, lo que en
realidad quería decir era que él creía que era Dios. Se nombró a
sí mismo Epífanes, que significa "Dios manifiesto". Y debido
a que ahora era oficialmente "Dios", el emperador decidió buena
idea que todos comenzaran a adorarlo.

Si bien no es un término médico, creo que es más seguro
decir que Antíoco IV estaba chiflado. En lugar de Epífanes,
muchos a su alrededor lo llamaban Epímenes, u "hombre loco",
aunque probablemente no delante suyo. Todas las regiones bajo
el control de los seléucidas eran politeístas, lo que quería decir que seguían a muchos dioses, así que cuando Antíoco exi-
gió que lo adoraran, le dijeron: "Claro, ¿por qué no? Súmenlo
a la lista".

Sin embargo, había un grupo étnico que creía que había un
solo Dios. Los judíos habían sido vasallos de los seléucidas desde

que le habían abierto las puertas de Jerusalén al padre de Antíoco. Para ellos, adorar a un hombre sería el peor de los pecados
e iba contra el primer y más grande mandamiento: "No tendrás dioses ajenos delante de mí" (Éxodo 20:3). Siendo ya un
hombre violento, esta negativa abrió las compuertas de la locura del emperador. Sus soldados entraron a raudales en Jerusalén
y miles de judíos fueron asesinados en las calles; llevaron cautivos a otros miles y los vendieron como esclavos.

En la interpretación de la visión de Daniel, el ángel Gabriel
dice sobre este pequeño cuerno:

> Y su poder se fortalecerá, mas no con fuerza propia; y causará
> grandes ruinas, y prosperará, y hará arbitrariamente, y destrui-
> rá a los fuertes y al pueblo de los santos (Daniel 8:24).

La destrucción causada por Antíoco IV hizo que fuera conocido en las fuentes rabínicas como *harasha*, "el malvado". Este
aspirante a dios determinó que, si los judíos no iban a adorarlo,
entonces no iba a adorar en absoluto. Prohibió que las personas
siguiesen los mandatos de la ley judaica e impidió los sacrificios
judíos en el templo y, en cambio, quemó ofrendas paganas en el
altar. Inmediatamente, como la gota que colmó el vaso, profanó
el templo al dedicarlo a Zeus.

Luego se levantó una rebelión bajo el liderazgo de Judas Ma-
cabeo. Este genio militar derrotó al ejército seléucida hasta finalmente expulsar al imperio. Se restauró y se volvió a dedicar
el templo al Dios verdadero, lo que dio origen al Janucá, que
significa "rededicación". Tres años después de la llegada de la rebelión, Antíoco IV murió de una enfermedad en Tabae, la actual
ciudad de Isfahán, Irán.

El horror que Daniel debe haber observado en su visión es inimaginable. No es de sorprender que haya terminado escribiendo: "Y yo Daniel quedé quebrantado, y estuve enfermo algunos días, y cuando convalecí, atendí los negocios del rey; pero estaba espantado a causa de la visión, y no la entendía" (v. 27). El hecho más aterrador para recordar sobre el cumplimiento increíblemente preciso de la visión de Daniel es ese solo era el cumplimiento cercano. El futuro, el cumplimiento mayor aún no ha llegado.

El cumplimiento futuro

Antíoco IV fue un hombre malvado. El hombre que aún está por venir será todavía peor. Cuando David regresó a la ciudad después de derrotar a los filisteos, las mujeres danzaron y cantaron: "Saúl mató a sus miles, ¡pero David, a sus diez miles!" (1 Samuel 18:7, NVI). En el futuro podría cantarse una nueva canción: "Antíoco mató a decenas de miles, ¡pero el Anticristo, a diez millones!". Las similitudes entre los dos hombres abundan; el Anticristo simplemente eleva de forma exponencial el nivel de maldad.

Antíoco IV persiguió a los judíos ferozmente, y anunció la horrenda persecución con la que el Anticristo apuntará a Israel en el futuro. El nivel de la siniestra conspiración de su llegada al poder representa la manera en que el Anticristo utilizará la deshonestidad y la violencia en su futuro ascenso a la cima. Así como Antíoco estaba empoderado por Satanás, también lo estará el Anticristo. Y así como prosperó durante un tiempo, también lo hará el Anticristo. Este avanzará mediante el engaño, de la misma manera que lo hizo Antíoco.

El emperador seléucida fue tristemente célebre por su intento de presentarse a sí mismo como una divinidad y llamarse

Epífanes. El futuro Anticristo también declarará ser Dios, tal como lo veremos en un momento. Antíoco habló "en contra del Altísimo" (Daniel 7:25), mientras que al Anticristo "se le permitió hablar con arrogancia y proferir blasfemias contra Dios, y se le confirió autoridad para actuar durante cuarenta y dos meses" (Apocalipsis 13:5, NVI). Y en ambos relatos, la razón de la despiadada persecución a los judíos es un vehemente desprecio por el verdadero y único Dios. Antíoco no murió en manos de un hombre, sino por una enfermedad. El Anticristo tampoco será asesinado por una persona, sino por Jesús mismo.

El gran teólogo y profesor de matemáticas de la universidad de Oxford, John Lennox, escribió:

> En Antíoco había semillas de una maldad que se gestarán y llegarán a su espantoso cumplimiento en un tiempo por venir. Antíoco y los sucesos de su época, por lo tanto, conforman un prototipo o patrón de pensamiento del futuro, que ayudará a Daniel y a nosotros a imaginar lo que vendrá; y a estar conscientes de tendencias similares de nuestros días.[29]

El emperador seléucida apenas nos da una muestra de lo que sucederá más adelante. Cuando llegue el verdadero Anticristo, vendrá con todo el poder de Satanás a su disposición.

En Mateo 24, Jesús hizo referencia al profeta Daniel cuando les habló a los discípulos: "Así que cuando vean en el lugar santo 'el horrible sacrilegio', del que habló el profeta Daniel (el que lee, que lo entienda), los que estén en Judea huyan a las montañas" (vv. 15-16). En otras palabras, "¡cuando veas al futuro Anticristo, aquel del que Daniel habló, aquel que es mucho mayor que Antíoco IV, aquel que tendrá una enorme escultura de sí mismo en el templo y exigirá que el mundo lo adore como dios, definitivamente estarás en la tribulación!".

Pablo utilizó palabras similares a las de Daniel cuando escribió:

> No se dejen engañar de ninguna manera, porque primero tiene que llegar la rebelión contra Dios y manifestarse el hombre de maldad, el destructor por naturaleza. Este se opone y se levanta contra todo lo que lleva el nombre de Dios o es objeto de adoración, hasta el punto de adueñarse del templo de Dios y pretender ser Dios (2 Tesalonicenses 2:3-4, NVI).

Cuando el hombre de maldad se manifieste y esté sentado en el templo declarando ser Dios, definitivamente estarás en la tribulación. Pero bien, hay algunas personas por ahí que probablemente dirán: "Pero, Amir, eso no sucederá hasta que haya pasado la mitad de la tribulación. ¿Cómo puedo saber ahora si el Anticristo ya ha ascendido al poder?". Gran pregunta. Una respuesta simple para el creyente es que no puedes saberlo. O, al menos, no lo sabrás.

El Monte Olimpo es el volcán más grande de nuestro sistema solar. De un borde al otro tiene el tamaño del estado de Arizona.[30] Sin embargo, si este gigantesco volcán erupcionara, nunca lo sabría. ¿Por qué? Porque se encuentra en Marte, y yo no vivo en Marte. Cuando el Anticristo llegue al poder, lo hará aquí en la Tierra. Y yo, sin embargo, nunca lo sabré porque para ese momento ya me habré mudado y estaré viviendo en un lugar en el cielo que mi Señor ha preparado especialmente para mí.

En cualquier caso, a aquellos de ustedes que hayan descubierto este libro en la casa de su vecino cristiano desaparecido recientemente junto con otros millones de personas, y que ahora están incursionando en la despensa y escarbando para conseguir a comida porque las líneas de abastecimiento colapsaron, permítanme primero decirles que tomen lo que necesiten: su vecino ya no va a necesitar nada de eso. Y no se olviden de los alimentos perecederos del refrigerador.

Si tú, mi amigo del futuro, te estás preguntando si ese hombre que acaba de surgir repentinamente en el escenario mundial es el Anticristo, entonces lo más probable es que la respuesta sea afirmativa. Solo para asegurarme, déjame hacerte dos preguntas: ¿hubo una guerra en Israel en la que Rusia y sus aliados fueron derrotados milagrosamente? ¿Y todos los israelíes que normalmente no siguen a nadie que no sea judío, de repente le están jurando lealtad a ese hombre del que estamos hablando? Si la respuesta a esas preguntas es sí, entonces ciertamente es el Anticristo, y definitivamente te encuentras en medio de la tribulación.

Pero aún tienes esperanza. Los judíos no reconocerán al Anticristo como tal hasta que no haya pasado la mitad de los siete años, y el resto de la población seguirá desorientada. Sin embargo, tú puedes cambiar tu eternidad ahora. Puedes ver al Anticristo por quien es, y puedes ver al verdadero Cristo por quien es. Entrégale tu corazón a Jesucristo mientras todavía hay tiempo. Créeme, Él está listo para darte vida eterna. Lamentablemente, los años que vendrán serán extremadamente difíciles y es muy probable que no vivas para ver el final. Tu consuelo, en cambio, se halla en saber que cuando para ti termine este tiempo global de tribulación, te espera una vida eterna en la presencia de tu Señor y Salvador.

10

UN LUGAR LLAMADO HOGAR

Dios desea habitar en su creación. ¡Qué fantástico es escuchar eso!, ¿no es cierto? ¿Y todos esos momentos en los que sientes que le has defraudado o que Él debe estar tan decepcionado de ti que te aislará por completo? No podrías estar más lejos de la verdad. La razón por la que Él creó a cada uno de nosotros es para que pudiéramos tener una relación de amor con Él.

Es este deseo el que lo llevó a edificar lugares que representarían su presencia en medio de la humanidad. Uno de estos edificios, un templo, es la segunda de las señales de que te has perdido el rapto y ahora te encuentras en la tribulación. Pero ¿qué templo es este y por qué Dios tiene templos? ¿Son realmente necesarios en esta época y era? Para la iglesia, que como ya hemos visto, es "linaje escogido, real sacerdocio, nación santa, pueblo que pertenece a Dios" (1 Pedro 2:9), el templo no es una necesidad. El Espíritu Santo habita en nuestro interior, así que no tenemos necesidad de una representación externa de la presencia de Dios. Sin embargo, una vez que la iglesia sea quitada de la Tierra, el templo será reedificado. De hecho, se edificarán dos templos después del rapto. Como iglesia, no estaremos aquí para ver uno de ellos, pero adoraremos a Dios y celebraremos a nuestro Salvador en el otro.

En este momento no hay ningún templo en Jerusalén, pero hay uno en camino. Si ves un templo en Jerusalén, te encuentras definitivamente en la tribulación.

DIOS DESEA HABITAR EN SU CREACIÓN

En el principio, el Creador tenía comunión con su creación. En el Jardín del Edén podemos echar un vistazo a la relación cercana que hubo cierta vez, y a la devastación provocada por la ruptura de esa unión:

> Y oyeron la voz de Jehová Dios que se paseaba en el huerto, al aire del día; y el hombre y su mujer se escondieron de la presencia de Jehová Dios entre los árboles del huerto. Mas Jehová Dios llamó al hombre, y le dijo: ¿Dónde estás tú? Y él respondió: Oí tu voz en el huerto, y tuve miedo, porque estaba desnudo; y me escondí (Génesis 3:8-10).

¡Qué maravilloso era que Dios quisiera tener un contacto tan cercano con Adán y Eva! ¡Qué trágico fue que el egoísmo del pecado destruyese esa cercanía! Una vez que la rebelión pecaminosa entró al mundo, todo lo que al hombre le interesó fue cumplir sus propios deseos y esconderse de Dios.

Pero luego, las personas de esa época dieron un paso más allá. No solo quisieron esconderse de Dios, sino que quisieron reemplazarlo. Se reunieron en la llanura de Sinar y decidieron construir una torre que los llevaría hasta el cielo. Dios se dio cuenta del motivo arrogante y apareció en escena:

> Y descendió Jehová para ver la ciudad y la torre que edificaban los hijos de los hombres. Y dijo Jehová: He aquí el pueblo es uno, y todos estos tienen un solo lenguaje; y han comenzado la obra, y nada les hará desistir ahora de lo que han pensado hacer. Ahora, pues, descendamos, y confundamos allí su lengua, para que ninguno entienda el habla de su compañero. Así los esparció Jehová desde allí sobre la faz de toda la tierra, y dejaron de edificar la ciudad. Por esto fue llamado el nombre de ella Babel, porque allí confundió Jehová el lenguaje de toda la tierra, y desde allí los esparció sobre la faz de toda la tierra (Génesis 11:5-9).

Piensa en esto: Dios creó el mundo. Dos capítulos después, le decimos que mejor vamos a hacer las cosas a nuestra manera. Luego, ocho capítulos más adelante, decidimos que queremos encargarnos de todo el espectáculo. Pero Dios nunca se dio por vencido con nosotros. Aun así, Él deseaba tener una relación con sus hijos mezquinos y rebeldes. Así que eligió a Abraham y decidió mostrarle al mundo cuán especial podía ser tener una relación con Él. "Y pondré mi morada en medio de vosotros, y mi alma no os abominará; y andaré entre vosotros, y yo seré vuestro Dios, y vosotros seréis mi pueblo" (Levítico 26:11-12). Todo lo que se necesitaría para mantener esta cercanía era que los descendientes de Abraham siguiesen a Dios, le obedeciesen y adorasen solo a Él. ¡Parece una gran oferta! ¿Qué podría salir mal?

El tabernáculo: el pre-templo

Como símbolo de la relación íntima y especial de Dios con Israel, el Señor le dijo a Moisés que construyera un tabernáculo. En hebreo, en realidad no utilizamos esa palabra. Lo llamamos *ohel moed* —"la tienda de reunión"— porque es lo que sucedió allí. Es el lugar donde la deidad se encontró con la humanidad y tuvieron comunión. Cuando el Señor dio las instrucciones para la edificación del tabernáculo, le dijo a Moisés: "Y harán un santuario para mí, y habitaré en medio de ellos" (Éxodo 25:8). Una vez más vemos que ese es el corazón de Dios.

Moisés también deseaba la misma cercanía a Dios, así que "tomó el tabernáculo, y lo levantó lejos, fuera del campamento, y lo llamó el Tabernáculo de Reunión" (Éxodo 33:7). Cada vez que quería pasar tiempo con Dios, entraba al tabernáculo y "la columna de nube descendía y se ponía a la puerta del tabernáculo, y Jehová hablaba con Moisés (…) Y hablaba Jehová a Moisés cara a cara, como habla cualquiera a su compañero" (vv. 9, 11). La presencia de Dios estaba en la nube y conversaba con su líder escogido.

¿De qué hablaban Dios y Moisés cuando estaban "cara a cara"? Si leemos un poquito más adelante, en Éxodo 33, podemos echar un vistazo a la conversión dentro de la tienda de reunión. Dios le había dicho que iba a enviar al profeta y al pueblo delante. Sin embargo, Él se quedaría detrás porque este pueblo terco estaba metiendo la pata.

Sin embargo, Moisés, sin siquiera querer pensarlo, le dijo a Dios que él necesitaba desesperadamente que fuera con ellos. Dios, con su profunda compasión de siempre, respondió: "Mi presencia irá contigo, y te daré descanso" (v. 14). Pero Moisés quería defender su caso un poco más para que Dios realmente entendiese cuán necesario era que Él estuviera con ellos:

> Y Moisés respondió: Si tu presencia no ha de ir conmigo, no nos saques de aquí. ¿Y en qué se conocerá aquí que he hallado gracia en tus ojos, yo y tu pueblo, sino en que tú andes con nosotros, y que yo y tu pueblo seamos apartados de todos los pueblos que están sobre la faz de la tierra? (Éxodo 33:15-16).

Si ese no es el dulce aroma del Señor, entonces no sé qué es. Esto es exactamente lo que Él quería desde el comienzo de la creación: que su pueblo lo amara y deseara una relación íntima con Él. "Y Jehová dijo a Moisés: También haré esto que has dicho, por cuanto has hallado gracia en mis ojos, y te he conocido por tu nombre" (v. 17).

Pero finalmente Moisés salió de la escena. Tiempo después, su sucesor, Josué, también murió. Ahora en la tierra prometida, el pueblo se olvidó de lo que Dios había hecho por ellos: liberarlos de la mano del faraón, abrir al mar Rojo y proveerles en el desierto. En el período de los jueces descendió sobre la tierra un tiempo moralmente peligroso en el que "cada uno hacía lo que bien le parecía" (Jueces 17:6).

El primer templo: El templo de Salomón

En algún punto los israelíes se dieron cuenta de que todo ese sistema de anarquía semicontrolada no los estaba llevando a ninguna parte. Pero en lugar de volverse a Dios para recibir su dirección, pidieron un rey que los liderase. Dios les dijo: "Muchachos, esta no es una buena idea". Pero ellos contestaron: "Eso lo dices tú. Nosotros creemos que es una buena idea. Así que danos un rey".

Y eso fue lo que Dios hizo: les dio al pecador y débil de carácter rey Saúl. En otras palabras, era un rey que reflejaba al pueblo.

El reinado de Saúl transcurrió tan bien como se esperaba. Luego, en su compasión, decidió entregarles una clase diferente de rey. En lugar de un rey cortado de la misma tela, este monarca era un hombre conforme al corazón de Dios. El rey David se sentó en el trono y fijó el estándar para todos los reyes futuros.

Cierto día, debido a su amor y devoción por el Señor, David decidió que iba a edificar un templo para que Dios ya no tuviese que morar en esa antigua tienda de tabernáculo. Dios le dijo: "Aprecio la oferta, pero no eres el indicado. Haré que tu hijo Salomón lo edifique". Y eso es exactamente lo que hizo el rey Salomón. ¡El templo era espectacular! Brillaba como oro, era liso como el mármol y olía a cedro. ¡Era verdaderamente un lugar santo preparado para Dios el Creador! Un lugar tan asombroso que llevaría a las personas a decir: "¡Guau! ¡Dios está aquí! ¡Vamos a adorarlo!".

Y eso es lo que hicieron… por un tiempo.

Lamentablemente, no pasó mucho tiempo para que el engaño comenzara a permear la casa de Dios. No solo estoy hablando sobre la tierra o la nación en general. La maldad se deslizó en el Monte del Templo y en el templo mismo. La adoración a otros dioses invadió el lugar santo.

Antes de la caída de Jerusalén, Ezequiel fue llevado por un ángel a ver por qué Dios iba a juzgar la ciudad. El ángel trajo al profeta al templo, donde vio a setenta ancianos de la casa de Israel que ofrecían incienso a los ídolos y a los dioses que estaban dibujados en las paredes. Pero eso no era lo peor:

Me dijo después: Vuélvete aún, verás abominaciones mayores que hacen estos. Y me llevó a la entrada de la puerta de la casa de Jehová, que está al norte; y he aquí mujeres que estaban allí sentadas endechando a Tamuz (Ezequiel 8:13-14).

En la mitología babilónica, Tamuz era un joven dios que estaba casado con la diosa Ishtar. Ella lo traicionó y él fue asesinado, lo que provocó un gran pesar en las mujeres del mundo. Debido a que lo asesinaron en otoño, la caída de las hojas y la muerte de la vegetación durante esa época eran recordatorios del trágico destino de Tamuz, y eso hacía que las mujeres del mundo pagano lloraran por él. Eso era lo que estaba sucediendo en el templo del único Dios verdadero.

Pero eso tampoco era lo peor:

Luego me dijo: ¿No ves, hijo de hombre? Vuélvete aún, verás abominaciones mayores que estas.

Y me llevó al atrio de adentro de la casa de Jehová; y he aquí junto a la entrada del templo de Jehová, entre la entrada y el altar, como veinticinco varones, sus espaldas vueltas al templo de Jehová y sus rostros hacia el oriente, y adoraban al sol, postrándose hacia el oriente (vv. 15-16).

¿Puedes imaginarte esa escena? La casa del Señor está justo allí, pero le dan la espalda a la presencia de Dios. En cambio, miran al sol y lo adoran mientras sale por el este. Eso describe la completa rebelión del corazón humano que no solo era un problema en ese entonces, sino que prevalece hasta la actualidad. No es de sorprender que solo dos capítulos después la gloria de Dios ascendiera y abandonara el templo.

Dios ya había tenido suficiente. Él:

> ...envió constantemente palabra a ellos por medio de sus men-
> sajeros, porque él tenía misericordia de su pueblo y de su habi-
> tación. Mas ellos hacían escarnio de los mensajeros de Dios, y
> menospreciaban sus palabras, burlándose de sus profetas, hasta
> que subió la ira de Jehová contra su pueblo, y no hubo ya reme-
> dio" (2 Crónicas 36:15-16).

En 586 a. C. los babilonios avanzaron y arrasaron con el
templo.

El segundo templo: El templo de Herodes

Una persona que miraba la invasión babilónica era el viejo profeta Jeremías. Se había pasado toda la vida advirtiéndoles a los
reyes y a sus conciudadanos que ese día estaba por llegar. Para
Jeremías cualquier esperanza de paz en Jerusalén durante el
transcurso de su vida había desaparecido. Sin embargo, sabía que
vendría esa paz e incluso la restauración. A través de este profeta
el Señor había prometido: "Toda esta tierra será puesta en ruinas
y en espanto; y servirán estas naciones al rey de Babilonia setenta
años" (Jeremías 25:11). El exilio a Babilonia no iba a ser un estado permanente. Tuvo un principio y tendría un final.

¿Por qué setenta años? Cuando Moisés estuvo con Dios en el
Monte Sinaí, el Señor había instituido un Sabbat agrícola para la
futura tierra prometida:

> Habla a los hijos de Israel y diles: Cuando hayáis entrado en la
> tierra que yo os doy, la tierra guardará reposo para Jehová. Seis
> años sembrarás tu tierra, y seis años podarás tu viña y recogerás

sus frutos. Pero el séptimo año la tierra tendrá descanso, reposo para Jehová; no sembrarás tu tierra, ni podarás tu viña (Levítico 25:2-4).

En algún momento después de que los hebreos entraron en la tierra se olvidaron de este mandamiento, que fue instituido para el bienestar del suelo. De hecho, fue dejado de lado durante cuatrocientos noventa años. Ahora esa factura del Sabbat se vencía. Cada séptimo año en cuatrocientos noventa años equivale a setenta años. Dios sabía lo que necesitaba el suelo, e iba a tener los años del barbecho del Sabbat de una manera u otra.

El reloj marcaba las horas durante el exilio, hasta que un día sonó la alarma y el rey Ciro de Persia, el imperio que había hecho que Babilonia pagase por maltratar a los judíos, emitió un decreto que le permitía al pueblo de Judá regresar a su hogar. Un contingente de retornados bajo el liderazgo de Zorobabel, el nieto de Joaquín, rey de Judá, migraron hacia Jerusalén y sus alrededores. Comenzaron el proceso de reconstrucción del templo, pero se enfrentaron a una gran oposición y muchos contratiempos. Con perseverancia, dos décadas después, los exiliados que habían regresado finalmente completaron el segundo —aunque menos opulento— templo.

Pasaron cientos de años antes de que los asmoneos, que derrotaron a los griegos en el siglo I, expandiesen el segundo templo. Luego de varias décadas Herodes el Grande tomó el trono. Él era un constructor y no había nada que amara más que un proyecto de construcción gigantesco. Herodes el Grande le prestó mucha atención al templo y expandió en gran medida la plataforma al construir largos muros de contención que hacían el área más grande.

Con el templo restaurado y extendido, Dios regresó. Sin embargo, su reaparición fue muy diferente a lo que había sido su partida. No volvió en una nube o en una columna de fuego. En cambio, su regreso fue mucho más sutil:

> Y cuando se cumplieron los días de la purificación de ellos, conforme a la ley de Moisés, le trajeron a Jerusalén para presentarle al Señor (como está escrito en la ley del Señor: "Todo varón que abriere la matriz será llamado santo al Señor), y para ofrecer conforme a lo que se dice en la ley del Señor: Un par de tórtolas, o dos palominos" (Lucas 2:22-24).

Con el primer templo las personas no se dieron cuenta que Dios había abandonado el edificio. Con el segundo, no se dieron cuenta que había regresado. Había también algo más que no entendieron sobre este segundo templo: las reglas habían cambiado. El templo no era lo que solía ser.

Mientras Jesús pasaba por Samaria con sus discípulos, se detuvo a descansar junto a un pozo. Una mujer se acercó a sacar un poco de agua y Jesús le dio conversación. La mujer pronto se dio cuenta de que no estaba hablando con un hombre común. Le dijo: "Señor, me parece que tú eres profeta. Nuestros padres adoraron en este monte, y vosotros decís que en Jerusalén es el lugar donde se debe adorar" (Juan 4:19-20). En la respuesta de Jesús a la mujer es donde vemos la nueva visión del templo:

> Jesús le dijo: Mujer, créeme, que la hora viene cuando ni en este monte ni en Jerusalén adoraréis al Padre. Vosotros adoráis lo que no sabéis; nosotros adoramos lo que sabemos; porque la salvación viene de los judíos. Mas la hora viene, y ahora es,

cuando los verdaderos adoradores adorarán al Padre en espíritu y en verdad; porque también el Padre tales adoradores busca que le adoren. Dios es Espíritu; y los que le adoran, en espíritu y en verdad es necesario que adoren" (vv. 21-24).

Dios no es corporal y Él no habita en un edificio material hecho por manos humanas. Su morada se encuentra en aquello creado por la mano de Dios. ¿Cuál es la morada creada por la mano de Dios? Somos tú y yo. "¿No sabéis que sois templo de Dios, y que el Espíritu de Dios mora en vosotros?" (1 Corintios 3:16). Entonces, si bien es lindo tener un templo para recordarnos a Dios, y también sería lindo poder observar el lugar, no necesitamos ir a un edificio a adorarlo; eso incluye tu iglesia. Donde sea que nos encontremos es donde se encuentra el templo de Dios, lo que significa que podemos adorarlo en cualquier momento de cualquier día.

Debido a que este segundo templo era tan solo un edificio, tampoco duró mucho. Un día mientras Jesús y los discípulos se alejaban de la zona del templo, le indicaron lo asombrosas que eran las estructuras sobre el monte. Jesús los sorprendió al decirles: "¿Veis todo esto? De cierto os digo, que no quedará aquí piedra sobre piedra, que no sea derribada" (Mateo 24:2).

Como un guía turístico que pasó más de veinte años orientando a las personas por Jerusalén, solía llevarlas por la calle Herodiana. Desde allí puedes ver las piedras que se derribaron del Monte del Templo menos de cuatro décadas después de que el Señor hiciese esa declaración. Las piedras más pequeñas pesan dos toneladas y media, y la más grande alcanza las seiscientas toneladas. ¡Son enormes! Sirven como una prueba visual y tangible de que las profecías que salen de la boca de Dios siempre se cumplen.

La destrucción completa de este segundo templo no era solamente un concepto del Nuevo Testamento. Siendo un joven, Daniel fue llevado desde Judá a Babilonia. Allí lo entrenaron, lo convirtieron en eunuco y lo incorporaron a la corte del rey Nabucodonosor. Debido a su sabiduría y a su dependencia de Dios rápidamente llegó a una posición de poder e influencia. Como un profeta, Daniel recibió visiones de parte de Dios y, en ocasiones, visitas de ángeles. Cierto día, mientras estaba orando, se le apareció el ángel Gabriel con un mensaje del Señor:

> Setenta semanas están determinadas sobre tu pueblo y sobre tu santa ciudad, para terminar la prevaricación, y poner fin al pecado, y expiar la iniquidad, para traer la justicia perdurable, y sellar la visión y la profecía, y ungir al Santo de los santos. Sabe, pues, y entiende, que desde la salida de la orden para restaurar y edificar a Jerusalén hasta el Mesías Príncipe, habrá siete semanas, y sesenta y dos semanas; se volverá a edificar la plaza y el muro en tiempos angustiosos (Daniel 9:24-25).

Daniel recibió una visión sobre el futuro de Israel y Jerusalén. Gabriel le dijo que cuando el rey Artajerjes dejase a Nehemías ir a reconstruir Jerusalén, era el momento de comenzar a contar: siete semanas y sesenta y dos semanas (que, de acuerdo con mis matemáticas, equivalen a sesenta y nueve semanas). Cada semana es un período de siete años. Cada año incluye trescientos sesenta días (recuerda que Daniel era judío, así que se guiaba por años lunares). Sesenta y nueve por siete, por trescientos sesenta, da como resultado 173.880 días. Haré los cálculos por ti y te diré que, si sumas esa cantidad de días a la fecha del decreto de Artajerjes, te ubicará en el día 6 de abril del año 32 d. C., el día en que Jesús entró en Jerusalén montado en un burro y aclamado: "¡Bendito el que viene en el nombre del Señor!" (Mateo 21:9).

Qué bella celebración, y hubiese sido perfecta si Gabriel se hubiera detenido allí. Pero continuó hablando:

> Y después de las sesenta y dos semanas se quitará la vida al Mesías, mas no por sí; y el pueblo de un príncipe que ha de venir destruirá la ciudad y el santuario (Daniel 9:26).

Jesús, el Mesías fue quitado —asesinado— pero no a causa de nada que Él haya hecho. Murió como parte del plan del Padre para el perdón de nuestros pecados. Luego, en el año 70 d. C., "el príncipe" Tito, el hijo del emperador romano Vespasiano, sitió Jerusalén, invadió la ciudad, arrasó con ella y finalmente destruyó el templo. ¿Pero realmente Tito es el príncipe del que se está hablando aquí? Podría ser la sombra del cumplimiento de esta profecía, pero la sustancia va más allá de ser tan solo el hijo de un emperador romano. Al mirar el contexto, podemos ver que existe alguien que aún no ha llegado cuya visión, al igual que la de Tito y su padre Vespasiano, es la destrucción de los judíos.

Se construyeron dos templos y se destruyeron dos templos. Pero todavía quedan dos más.

El tercer templo: el templo de la tribulación

Si aún te encuentras en un punto de las Escrituras en que no estás seguro de lo que se está diciendo, te aconsejo que sigas leyendo. A medida que avanzamos a lo largo del mensaje que Gabriel le dio a Daniel encontramos la identidad del príncipe que se menciona en el versículo 26:

> Y por otra semana confirmará el pacto con muchos; a la mitad
> de la semana hará cesar el sacrificio y la ofrenda. Después con la
> muchedumbre de las abominaciones vendrá el desolador, hasta
> que venga la consumación, y lo que está determinado se derra-
> me sobre el desolador (v. 27).

A mitad del versículo se encuentra la palabra "después", que significa que esto sucederá luego de la destrucción de la ciudad y el santuario (como se menciona en el versículo anterior). Muchas personas sostienen que los versos 26 y 27 se refieren a la destrucción de Jerusalén en el año 70 d. C. Luego lo enganchan con el Apocalipsis y dicen que también describe la destrucción de la ciudad y la demolición del templo a manos de Tito. Pero eso no está permitido siquiera por el adverbio "después" ni por una interpretación literal de las Escrituras. El versículo 27 y los sucesos de Apocalipsis 4 en adelante deben ocurrir en el futuro, durante la semana setenta de Daniel. En el final de ese conjunto de siete años, "él" —que quiere decir "el príncipe"— hará cesar el sacrificio y la ofrenda.

¿Quién es este "él"? Como hemos visto en el capítulo anterior, es el Anticristo. Y si es capaz de cesar los sacrificios y las ofrendas en la mitad de los sietes años de tribulación, ¿qué debe existir en Jerusalén durante ese tiempo? ¡Un tercer templo! Pablo les escribió a los tesalonicenses sobre ese próximo templo y sobre la profanación en manos del Anticristo:

> Pero con respecto a la venida de nuestro Señor Jesucristo,
> y nuestra reunión con él, os rogamos, hermanos, que no os
> dejéis mover fácilmente de vuestro modo de pensar, ni os con-
> turbéis, ni por espíritu, ni por palabra, ni por carta como si

fuera nuestra, en el sentido de que el día del Señor está cerca. Nadie os engañe en ninguna manera; porque no vendrá sin que antes venga la apostasía, y se manifieste el hombre de pecado, el hijo de perdición, el cual se opone y se levanta contra todo lo que se llama Dios o es objeto de culto; tanto que se sienta en el templo de Dios como Dios, haciéndose pasar por Dios (2 Tesalonicenses 2:1-4).

Si has sentido algo en tu espíritu, o escuchaste decir por palabras, por una carta, por correos electrónicos, por YouTube o por las redes sociales que el día de Cristo ha llegado y la tribulación ya se encuentra aquí, ¡reléjate! Escuchaste mal. ¿Acaso ves un templo en Jerusalén? Si lo ves, entonces tienes que ir al oftalmólogo para que te chequee la vista. Aún no hay un tercer templo. Además, Pablo dijo que, si no has presenciado la apostasía y no has visto al Anticristo, entonces no debes preocuparte porque los siete años todavía no han comenzado.

Dado el actual clima entre los judíos y los árabes, ¿te imaginas que hoy se construyera un tercer templo en el Monte del Templo? El primer día de construcción se verían disturbios de proporciones sin precedentes debido a los miles de misiles que dispararían hacia Israel desde Gaza, el Líbano y Siria. La única manera posible de reconstruir el templo sería si alguien fuese capaz de traer paz entre las dos partes. El hombre de paz que podrá lograr esta proeza es el Anticristo. Y el trato que él presenta será diferente a todo lo que se ofreció en el pasado. En el anuncio de Gabriel a Daniel, ese príncipe "por otra semana confirmará el pacto con muchos" (Daniel 9:27), la palabra hebrea para "confirmar" es *higbir*. Este término se refiere a un acuerdo que es más grande que tan solo una confirmación. Significa: "aumentar, intensificar, hacer algo más grande de lo común".

Hasta ahora no se les ofreció a los judíos ningún tratado de paz que les permita reedificar el templo. Para poder extender el tratado, para hacerlo más espectacular, para llevarlo al nivel *higbir*, ¿qué ofrecerá el Anticristo? Adivinaste: una pequeña parcela de tierra de una propiedad privilegiada en donde poder edificar el templo. ¡Si puede hacer funcionar ese tratado, cada judío de Israel se levantará y lo llamará bendito!

Yo no soy un arquitecto. Tampoco soy un profeta, así que no tomes esto como una palabra de parte del Señor. Hay un área vacía en el Monte del Templo justo al norte del Domo de la Roca. En ese tramo de tierra hay un pequeño domo en el que los judíos creen que solía estar el Sanctasanctórum. Ese espacio también se alinea perfectamente con la actual Puerta Dorada o Puerta oriental. Así que estoy diciendo que quizá —solo quizá— ese sea el lugar del tercer templo.

Al fin y al cabo, no me importa dónde estará el tercer templo. No estaré aquí para verlo. Me resulta interesante encontrar muchos cristianos que se vuelven completamente locos ante una mínima noticia que apenas se relaciona con la construcción del próximo templo. Hace poco circuló información sobre un hombre en Texas que había descubierto cinco vacas alazanas y decía que cumplían con los requisitos para la consagración de un nuevo templo. Terminó llevándolas a Israel, con el dinero de una organización cristiana. ¡La bandeja de entrada de mi correo electrónico explotó! "¿Acaso están a punto de construir el templo? ¿Esto significa que el rapto está por suceder? ¿Ya estamos en la tribulación?". Mis respuestas fueron: "¡No lo sé! ¡No lo sé! ¡Y no!".

¿Por qué todo el mundo se vuelve loco por las vacas rojas? No me malinterpretes, no tengo nada contra las vacas, sea cual sea su color. Curada en seco y luego de una buena cocción, a menudo es una de mis carnes favoritas.

La gente de la iglesia necesita relajarse en cuanto al tercer templo. No tiene nada que ver con nosotros. Sobrevivirá hasta el final de la tribulación, pero no después de ella. Zacarías profetizó qué sucederá cuando Jesús regrese al final de los siete años de ira:

> Y se afirmarán sus pies en aquel día sobre el monte de los Olivos, que está en frente de Jerusalén al oriente; y el monte de los Olivos se partirá por en medio, hacia el oriente y hacia el occidente, haciendo un valle muy grande; y la mitad del monte se apartará hacia el norte, y la otra mitad hacia el sur (Zacarías 14:4)

Cuando el Monte de los Olivos se parta a la mitad, se abrirá un valle de oriente a occidente. ¿Qué se encuentra al oeste del Monte de los Olivos, justo al otro lado del angosto valle de Cedrón? El Monte del Templo. Toda el área que es tan preciada tanto para los judíos como para los árabes será completamente destruida.

El cuarto templo: el templo del milenio

Mencionaré solo brevemente estas últimas dos secciones porque se encuentran más allá del marco de nuestro libro. Sin embargo, para poder poner punto final a este tema del templo, necesitamos atarlo con una cinta y agregarle un lindo moño.

Cuando Jesús regrese, establecerá su Reino en Jerusalén: "Cuando Jehová de los ejércitos reine en el monte de Sion y en Jerusalén, y delante de sus ancianos sea glorioso" (Isaías 24:23).

Una vez más, la ciudad santa será la cabeza de todas las ciudades e Israel será la cabeza de todas las naciones. Y en Jerusalén se edificará un cuarto templo, uno más grande que cualquiera que jamás se haya visto antes en la tierra.

Pasados veinticinco años de la cautividad de Israel, Ezequiel tuvo una visión en la que era llevado un monte alto. Allí se encontró con un hombre con aspecto de bronce que tenía una vara de medir en la mano. Este hombre le dijo a Ezequiel: "Hijo de hombre, mira con tus ojos, y oye con tus oídos, y pon tu corazón a todas las cosas que te muestro; porque para que yo te las mostrase has sido traído aquí. Cuenta todo lo que ves a la casa de Israel" (Ezequiel 40:4). Luego el hombre comenzó a medir un enorme templo de una manera sistemática y detallada. Esta es la estructura en la que nos reuniremos a adorar durante el reinado de mil años del Rey de reyes y Señor de señores. Pero tampoco ese templo va a durar.

Al final del milenio Satanás será liberado del abismo. Reunirá sus ejércitos para intentar tener una última oportunidad contra el Creador. Pero este plan va a fracasar, al igual que todos los demás. El diablo y sus demonios serán echados al lago de fuego por toda la eternidad. Luego vendrá la segunda resurrección, que dará lugar al juicio del Gran Trono Blanco del que aprendimos anteriormente. Una vez que haya terminado el juicio y todos se encuentren donde pertenecen, conforme hayan recibido el regalo de la salvación a través de la sangre que Jesucristo derramó en la cruz, llegará el final para el planeta y el cielo que lo rodea.

El templo de Dios: la eternidad

Entonces habrá un cielo nuevo, una Tierra nueva y una nueva Jerusalén. Dentro de toda esta nueva ciudad santa no habrá templo, por una buena razón. En la visión de Juan sobre la eternidad, él escribió: "Y no vi en ella templo; porque el Señor Dios Todopoderoso es el templo de ella, y el Cordero" (Apocalipsis 21:22). ¿Cuán bello es? En el Jardín del Edén no había necesidad de templo porque Dios caminaba entre su creación. En el nuevo cielo y la nueva Tierra, no habrá necesidad de templo porque el Señor y el Cordero se pasearán entre su creación.

¿HAS TOMADO LA DECISIÓN?

Recuerda que Dios quiere tener comunión con sus hijos. El deseo del Salvador es habitar con nosotros y Él quiere que habitemos con Él. Toma la decisión ahora de aceptar su oferta de salvación como un regalo. Entonces, tú también puedes esperar el momento en que camines con el Señor en el frescor del día en su nuevo cielo y su nueva Tierra.

11

IRA DESPLEGADA

Hasta ahora, hemos visto que, si enciendes la televisión y ves al Anticristo en la pantalla, parado frente al templo recientemente inaugurado en Jerusalén, definitivamente te encuentras en la tribulación. Pero el Anticristo y el templo son apenas dos de los muchos indicadores de que ya pasó el rapto, y ahora te encuentras en los siete años de la ira de Dios. Una vez más, debo enfatizar que, si eres parte de la iglesia, no experimentarás nada de lo que estás a punto de leer.

Al referirme a parte de la iglesia no quiero decir que asistas a una. Estar parado en el edificio de una iglesia no te convierte en un cristiano, así como estar parado en un deli judío no te hace kosher. La iglesia no es un edificio, una denominación ni una religión. La iglesia está compuesta de personas, donde sea que se encuentren en un determinado momento, que aceptaron a Jesucristo como Señor y Salvador, y por lo tanto recibieron el regalo de la salvación que viene a través de la muerte y resurrección de Jesús. Si eso te describe, lo que sigue no tendría que atemorizarte, solo tendría que apenarte por aquellos seres queridos no salvos y motivarte a decirles cómo escapar de este destino. Sin embargo, si no te has entregado a Cristo deberías aterrorizarte, porque lo que estoy a punto de describir está limitado por los márgenes del idioma que hablamos. La realidad será mucho, pero mucho peor.

Si ves que los siguientes eventos tienen lugar a tu alrededor, definitivamente te encuentras en la tribulación.

ACTIVIDADES SOBRENATURALES

Una de las razones por las que el mundo seguirá al Anticristo es porque Satanás le dará poder para llevar a cabo cosas sobrenaturales. Pablo advirtió: "…inicuo cuyo advenimiento es por obra de Satanás, con gran poder y señales y prodigios mentirosos, y con todo engaño de iniquidad para los que se pierden, por cuanto no recibieron el amor de la verdad para ser salvos" (2 Tesalonicenses 2:9-10).

Imagina que te encuentras en un acto político. Mientras el candidato concluye el discurso, gira la mano en el aire. Por encima de él se forman nubes y giran. Luego se ve un relámpago y retumba un trueno. "¡Voten por mí! —dice— ¡porque tengo el poder de hacer lo que digo que voy a hacer!". Después de esto, aquellos que tenemos una base espiritual que nos permite reconocer la actividad espiritual de la oscuridad, huiríamos para el otro lado. Pero las personas que no tienen ese tipo de base quedarán impresionadas. Probablemente pensarán: "En este momento el mundo es un desastre, ningún hombre común puede volver a poner todo en su lugar. ¡Pero este no es un hombre común!"

El Anticristo no solo tendrá poderes sobrenaturales, sino que también los tendrá su secuaz, el falso profeta. En estos días sería conocido como el hombre de apoyo del Anticristo. Su trabajo es captar la atención de las personas para el acto principal y que así lo adoren:

> También hace grandes señales, de tal manera que aun hace descender fuego del cielo a la tierra delante de los hombres. Y engaña a los moradores de la tierra con las señales que se le ha permitido hacer en presencia de la bestia, mandando a los moradores de la tierra que le hagan imagen a la bestia que tiene la herida de espada, y vivió (Apocalipsis 13:13-14).

Si a tu alrededor tienes una multitud rebelde y quieres atraer su atención, pedir que baje fuego del cielo es una muy buena manera de hacerlo. Estoy seguro de que muchos maestros de la escuela secundaria desean poder hacer el mismo truco. Los líderes políticos que hacen milagros imposibles representan una buena señal de que estás en la tribulación.

Pero los chicos malos no serán los únicos que harán milagros. Si todas las noches las noticias informan sobre dos detestables hombres mal vestidos que, plantados frente al templo recién construido, no dejan de hablar sobre el arrepentimiento, entonces no querrás perderlos de vista. Es muy probable que alguien trate de atentar contra sus vidas. No saldrá bien. De la boca de estos muchachos saldrá fuego como el de los dragones enojados e incinerará a los atacantes.

Las personas van a odiar a estos dos; no solo por lo que digan, sino también porque secarán las nubes de lluvia. Durante tres años y medio, mientras predican en Jerusalén, tendrán el poder de traer la sequía donde y cuando quieran. Por último, y al final de su misión, las fuerzas del mal los matarán. Pero tampoco eso saldrá acorde al plan.

> Pero después de tres días y medio entró en ellos el espíritu de vida enviado por Dios, y se levantaron sobre sus pies, y cayó gran temor sobre los que los vieron. Y oyeron una gran voz del cielo, que les decía: Subid acá. Y subieron al cielo en una nube; y sus enemigos los vieron (Apocalipsis 11:11-12).

Si ves que esos dos muchachos muertos resucitan y suben al cielo, no hay ninguna duda de que estás en la tribulación.

Hay una categoría más de actividad sobrenatural y está sacada de una película de terror moderna. Cuando llegue el juicio de Dios, se producirá durante una serie de siete sellos, siete trompetas y siete copas. En la mitad de esta serie de sucesos, después de que suene la quinta trompeta, se abrirá el abismo, y lo que Juan escribe a continuación me da escalofríos. En este abismo, un pozo sin fondo, se encuentran muchos demonios de Satanás para su futuro castigo. Cuando se levante la tapa, brotarán los demonios, un ejército enorme, y parecerán un enjambre de langostas.

> Y del humo salieron langostas sobre la tierra; y se les dio poder, como tienen poder los escorpiones de la tierra. Y se les mandó que no dañasen a la hierba de la tierra, ni a cosa verde alguna, ni a ningún árbol, sino solamente a los hombres que no tuviesen el sello de Dios en sus frentes. Y les fue dado, no que los matasen, sino que los atormentasen cinco meses; y su tormento era como tormento de escorpión cuando hiere al hombre. Y en aquellos días los hombres buscarán la muerte, pero no la

hallarán; y ansiarán morir, pero la muerte huirá de ellos (Apocalipsis 9:3-6).

Durante cinco meses estas criaturas demoníacas torturarán a
la humanidad. Será horrible. Y lo que descubres sobre los juicios
del Apocalipsis es que a medida que avanzan, no se aligeran ni
son más fáciles: solo empeoran. Es lo que sucederá cuando suene
la próxima trompeta, la sexta. Cuatro ángeles demoníacos que
habían estado atados junto al río Éufrates por siglos —incluso
quizá durante el milenio— serán finalmente desatados. Harán
su tarea con venganza y odio. Rápidamente reunirán un ejército
de doscientos millones. ¿Serán acaso demonios o personas? No
se nos dice, pero la actividad parece indicar que serán demonios,
porque de la boca les saldrá fuego, humo y azufre. Harán estra-
gos, matarán a una tercera parte de los humanos que aun estén
con vida en ese momento.

La tribulación será un tiempo de actividad sobrenatural sin
precedentes. Si miras a tu alrededor y ves estos terribles acontecimientos que no pueden explicarse mediante un proceso natural,
tan solo ten en cuenta que todo continuará cuesta abajo.

Guerras y violencia

"¿Guerras y violencia? Mmm, ¿has visto el mundo últimamente,
Amir?". Sí, lo he visto muy bien. Anteriormente, cuando observamos el estado geopolítico del mundo, vimos con claridad que
ciertamente se cumple el criterio de las guerras y los rumores
de guerra para el comienzo de la tribulación. Sin embargo, la
diferencia entre lo que está sucediendo ahora y lo que tendrá
lugar durante la tribulación es que el futuro será mucho, pero
mucho peor.

Hace unos años había una icónica escena en un programa de televisión en la que uno de los personajes pedía una "gran ensalada" en un restaurante. Confundido, el mozo le pidió que describiese qué era una gran ensalada. La actriz le respondió: "Es una ensalada, pero más grande". Así será durante la tribulación. Ahora hay guerras, y durante la tribulación también habrá guerras, solo que más grandes. En muchas ciudades en la actualidad hay violencia y una creciente cantidad de asesinatos, asaltos, secuestros y violaciones. Durante la tribulación, las ciudades estarán llenas de aún mucha más violencia, particularmente cuando tienes en cuenta lo que pronto aprenderemos sobre la escasez.

Cuando el Cordero de Dios abre el segundo sello, sale al trote un caballo rojo: "...y al que lo montaba le fue dado poder de quitar de la tierra la paz, y que se matasen unos a otros; y se le dio una gran espada" (Apocalipsis 6:4). Si estás planeando quedarte durante la tribulación y no posees un arma de fuego, será mejor que te vayas buscando una. Debido a que los sistemas legales de todo el mundo se desplomarán, vendrán personas violentas a buscar lo que tú tienes. Si quieres cuidar tus cosas, será mejor que estés preparado para defenderte.

Si puedes ingeniártelas para llegar al final de tribulación, serás testigo de una batalla que no se parecerá a nada de lo que el mundo haya visto. Cuando se derrame la sexta copa del juicio, estará preparado el camino para que el ejército armado demoníacamente de todo el mundo se reúna en un lugar llamado Armagedón. Liderada por el Anticristo, esta multitud va a marchar contra Jerusalén, solo para ser recibida por el Mesías que recientemente ha regresado y viene con su ejército. La matanza del enemigo será extensa, pero la victoria del Señor está asegurada.

Escasez y colapso económico

Cuando el Cordero abra el tercer sello, saldrá un jinete en un caballo negro. Juan escribe que: "...y el que lo montaba tenía una balanza en la mano. Y oí una voz de en medio de los cuatro seres vivientes, que decía: 'Dos libras de trigo por un denario, y seis libras de cebada por un denario; pero no dañes el aceite ni el vino'" (Apocalipsis 6:5-6). Cuando el COVID-19 golpeó, las estanterías se vaciaron. Las cadenas de abastecimiento se rompieron debido a que las empresas tuvieron que cerrar temporalmente, y las fuerzas de trabajo desaparecieron. Fue un tiempo difícil para muchos. Se formaban largas filas dentro y fuera de los supermercados mientras la gente intentaba comprar los productos básicos que necesitaban. Finalmente se reestablecieron las líneas de suministros, aunque en muchos lugares del mundo, tanto en los países desarrollados como en aquellos en vías de desarrollo, continuaba la escasez y las estanterías vacías eran algo común.

Ahora imagina cómo será cuando no haya ninguna expectativa de que vuelvan a reponer esas estanterías vacías. Piensa en los pequeños comercios locales y en las grandes tiendas minoristas que tendrán que cerrar porque no van a conseguir productos para vender. Piensa en la Gran Depresión. Recuerda el desempleo y la inflación en torno a la pandemia del COVID-19. Luego ten en mente que la tribulación traerá un colapso económico, solo que mucho más grande. Las ciudades, los suburbios e incluso los pueblos pequeños se llenarán de temor y violencia a medida que las personas se unan para buscar puerta por puerta comida para darle a su familia. No querrás estar aquí.

Muerte

Hasta hoy, en todo el mundo han muerto más de 6.5 millones de personas por COVID-19.[31] Es una tragedia de proporciones épicas y de ninguna manera quiero menospreciar las pérdidas que muchos experimentaron. Desafortunadamente, cuando llegue la tribulación, también dejará un número de víctimas, solo que mucho, pero mucho más alto.

> Cuando abrió el cuarto sello, oí la voz del cuarto ser viviente, que decía: Ven y mira. Miré, y he aquí un caballo amarillo, y el que lo montaba tenía por nombre Muerte, y el Hades le seguía; y le fue dada potestad sobre la cuarta parte de la tierra, para matar con espada, con hambre, con mortandad, y con las fieras de la tierra (Apocalipsis 6:7-8).

La población mundial actual es de 7,980 millones de personas. Eso significa que el COVID-19 mató al 0.8 % de la humanidad. Cuando el jinete del caballo amarillento galope a lo largo de la Tierra, se llevará con él al 25 % de la población. El COVID-19 se llevó 6.5 millones de personas; en la tribulación serán dos mil millones. Y observa cómo vendrá la muerte. La violencia y el hambre matarán a muchos. La palabra traducida como "muerte" en el pasaje anterior significa "pestilencias", así que las enfermedades se llevarán muchas más vidas. Y luego habrá una gran cantidad de personas que serán atacadas y devoradas por animales salvajes, posiblemente debido a la devastación ecológica que acompañará a muchos de los juicios.

La matanza tendrá lugar durante los juicios de los sellos. El juicio de las trompetas y las copas vendrán después. Recuerda que cuando suene la sexta trompeta, un ejército de doscientos millones de soldados demoníacos saldrá a raudales por la Tierra y matará a otro tercio de la humanidad. Cuando restamos los primeros dos mil millones de la población mundial, nos quedamos con aproximadamente seis mil millones. Un tercio de esa cantidad significa que otros dos mil millones serán violentamente asesinados antes de que la séptima trompeta tenga oportunidad de sonar.

Cuando veas que las cifras de muertos aumentan a la mitad de la población mundial, definitivamente te encuentras en la tribulación.

Enfermedades

El cuarto jinete nos muestra que las enfermedades matarán a muchas personas en la tribulación. Pero no todas las dolencias experimentadas durante la ira de Dios están diseñadas para matar. Hay al menos una que será creada especialmente para provocar dolor. Cuando el primero de los ángeles de la serie final de juicios derrame su copa: "…vino una úlcera maligna y pestilente sobre los hombres que tenían la marca de la bestia, y que adoraban su imagen" (Apocalipsis 16:2). No se da ninguna fecha de finalización para esas úlceras, así como sí había una fecha para los demonios parecidos a langostas que herirán y que se irán después de cinco meses. Cuando se derrame la oscuridad de la quinta copa, las personas aún padecerán la angustia de las heridas de las primeras copas.

Terremotos

La Tierra ya viene siendo largamente devastada por los efectos del pecado y se encuentra en un estado de deterioro gradual. Durante la tribulación, el Señor utilizará el frágil estado del planeta para traer desastres naturales. Pero también extenderá su mano por momentos con un acercamiento más práctico.

De acuerdo con el Servicio Geológico de Estados Unidos, la Tierra tiembla alrededor de cincuenta y cinco veces por día. La mayoría de estos temblores son leves, pero típicamente hay quince por año que rompen la barrera de 7.0 y uno que llega más allá de 8.0.[32] Así que durante la tribulación no será ninguna sorpresa que la Tierra tiemble. Lo que captará la atención de las personas es el poder de los temblores. Recuerda que, durante la tribulación, todo será más grande.

El primer terremoto que vemos en ese tiempo ocurre cuando se abre el sexto sello:

> Miré cuando abrió el sexto sello, y he aquí hubo un gran terremoto; y el sol se puso negro como tela de cilicio, y la luna se volvió toda como sangre; y las estrellas del cielo cayeron sobre la tierra, como la higuera deja caer sus higos cuando es sacudida por un fuerte viento. Y el cielo se desvaneció como un pergamino que se enrolla; y todo monte y toda isla se removió de su lugar (Apocalipsis 6:12-14).

Debido a que este terremoto viene acompañado de sucesos que afectan al sol y a la luna, se ha especulado que podría referirse a una explosión nuclear o a una erupción volcánica masiva. Ambas posibilidades son viables. También podría ser que el daño causado por el terremoto provoque incendios generalizados y el humo ocasione un efecto en la percepción del sol y la luna en las personas.

Apocalipsis describe otros temblores a lo largo de los siete años. La Tierra temblará justo antes del juicio de las copas cuando el ángel arroje un incensario lleno de fuego del altar (Apocalipsis 8:5). Jerusalén perderá una décima parte de los edificios cuando la ciudad se sacuda luego de la ascensión de los dos testigos (11:13). Cuando se abra el templo en el cielo, los efectos residuales sobre la Tierra serán un terremoto y una enorme tormenta de granizo (11:19). Luego, finalmente, cuando se consuma la última parte de la ira de Dios con la séptima copa, habrá "un gran temblor de tierra, un terremoto tan grande, cual no lo hubo jamás desde que los hombres han estado sobre la tierra. Y la gran ciudad [será] dividida en tres partes, y las ciudades de las naciones [caerán]" (Apocalipsis 16:18-19).

En el año 2015 Hollywood lanzó la película de catástrofes *Terremoto: La falla de San Andrés*. Con Dwayne Johnson como el protagonista, un piloto de un helicóptero de rescate del cuerpo de bomberos de Los Ángeles, la película mostraba lo que podría suceder cuando el "El Grande" golpee la línea de fractura de San Andrés. Toda la costa de California era devastada y, en un momento, un enorme tsunami se estrelló contra San Francisco y ahogó a todos aquellos que no pudieron escapar a los pisos de los rascacielos de la ciudad. Cuando miro una película como esa, no puedo evitar pensar en que este terremoto final acabe con todos los terremotos y la devastación global que causará a partir del temblor inicial, junto con los incendios y las explosiones consecuentes, y los tsunamis que destruirán todo por kilómetros tierra adentro.

Si ves que las principales ciudades del mundo están bajo el agua, definitivamente te encuentras en la tribulación. Sin embargo, eso no sucederá hasta el juicio de la séptima copa, así que estoy bastante seguro de que ya lo habrás entendido.

Cosas que caen del cielo

Si ves que del cielo cae con regularidad fuego y meteoritos gigantes, definitivamente te encuentras en la tribulación. Como ya hemos visto, de vez en cuando el falso profeta querrá captar la atención de la multitud haciendo caer fuego del cielo. Sin embargo, cuando suene la primera trompeta, el fuego y el granizo caerán al mismo tiempo desde el cielo. Esta tormenta de fuego literal será tan intensa y extensa que "la tercera parte de los árboles se [quemará], y se [quemará] toda la hierba verde" (Apocalipsis 8:7). Imagina la cantidad de vidas que se perderán, no solo por las llamas sino por la abrumadora cantidad de humo que probablemente afectará a cualquier persona que tenga problemas respiratorios.

Cuando suene la segunda trompeta, "una gran montaña ardiendo en fuego" será "precipitada en el mar; y la tercera parte del mar" se convertirá en sangre. "La tercera parte de los seres vivientes que estaban en el mar" morirán, y la tercera parte de las naves serán destruidas (v. 8). Esto es muy parecido a lo que podría suceder después del impacto de un meteorito gigante. Pero también podría ser solo lo que dice: algo enorme que Juan no podía identificar, pero parecía como si una enorme montaña se abalanzara al mar e hiciese que se este se convierta en sangre. Si bien a menudo intentamos encontrar equivalentes "naturales" para las descripciones oscuras, siempre debemos tener en cuenta que Dios posee un arsenal de armas sobrenaturales que puede utilizar cuando quiera.

Esta cosa gigante exterminará un tercio de la vida de animales de agua salada y un tercio de los barcos. Los otros dos tercios tendrán un alivio temporal, pero solo hasta la segunda copa, cuando "el segundo ángel derramó su copa sobre el mar, y este se convirtió en sangre como de muerto; y murió todo ser vivo que había en el mar" (Apocalipsis 16:3).

Un desastre similar ocurrirá en el agua dulce:

> El tercer ángel tocó la trompeta, y cayó del cielo una gran estrella, ardiendo como una antorcha, y cayó sobre la tercera parte de los ríos, y sobre las fuentes de las aguas. Y el nombre de la estrella es Ajenjo. Y la tercera parte de las aguas se convirtió en ajenjo; y muchos hombres murieron a causa de esas aguas, porque se hicieron amargas (Apocalipsis 8:10-11).

Una tercera parte del agua dulce desaparecerá hasta que se derrame la tercera copa, que convertirá el resto de los ríos y arroyos en sangre. Los sistemas de agua de la ciudad serán destruidos. El agua que pueda llegar a encontrarse estará contaminada con veneno mortal. Y no habrá comida en los supermercados. ¿Ya te has hecho una idea de que no querrás estar en la tribulación?

Calamidades opuestas

Esta última categoría ve un fenómeno opuesto que Dios utilizará para desplegar su ira. Cuando la cuarta copa sea derramada, el sol recibirá el poder de abrasar a las personas. El texto griego original significa: "torturar con un intenso calor". Ya sea porque la capa de ozono finalmente se rompa o el derramamiento de la copa sobrecaliente el sol, las personas en todo el mundo sufrirán graves quemaduras por los rayos solares. Sin embargo, estarán tan engañadas por las mentiras del Anticristo y las mentiras de Satanás, que aun así tampoco se arrepentirán. En cambio, veremos que "blasfemaron el nombre de Dios, que tiene poder sobre estas plagas, y no se arrepintieron para darle gloria" (Apocalipsis 16:9). Estarán muy perdidas y serán muy insensatas; no caigas en la misma trampa de darle la espalda a Dios.

En contraparte a tener demasiado sol, por momentos habrá muy poco. Cuando suene la cuarta trompeta, "[será] herida la tercera parte del sol, y la tercera parte de la luna, y la tercera parte de las estrellas, para que se [oscurezca] la tercera parte de ellos, y no [habrá] luz en la tercera parte del día, y asimismo de la noche" (Apocalipsis 8:12). Para muchos este pasaje ha sido difícil, pues sostienen que si una tercera parte del sol se oscurece, entonces la Tierra se congelará. Sin embargo, cuando observamos el contexto completo, parece que en lugar de que los cuerpos celestes sean dañados, es la luz la que se verá afectada. Así, ocho de las veinticuatro horas del día se sumirán en la oscuridad.

Esto también encaja en el patrón de los aumentos de las trompetas a las copas que vemos en el agua. Mientras que la cuarta trompeta hará que una tercera parte del día quede a oscuras, la quinta copa quitará por completo la luz del mundo:

> El quinto ángel derramó su copa sobre el trono de la bestia; y su reino se cubrió de tinieblas, y mordían de dolor sus lenguas, y blasfemaron contra el Dios del cielo por sus dolores y por sus úlceras, y no se arrepintieron de sus obras (Apocalipsis 16:10-11).

Esta oscuridad será paralizante. No habrá linternas ni faroles que atraviesen la intensa oscuridad. Al irse el sentido de la vista, todos los demás sentidos se acrecentarán. Será una época de terror, puesto que cada pequeño sonido hará que te preguntes quién se te está acercando sigilosamente. Será una época de angustia porque no podrás hacer nada excepto sentarte allí y revolcarte del dolor por las úlceras supurantes causadas por la primera copa y por la carne quemada provocada por la cuarta. Pero una vez más, Juan nos dice que, en lugar de volverse a Dios en arrepentimiento, las personas van a blasfemar contra Dios en rebelión.

Un contraste final trae una completa calma sin viento que se ve al inicio de Apocalipsis 7 en contraste con las poderosas tormentas de granizo de los versículos 11:19 y 16:21. La última de estas tormentas acompañará al terremoto que pondrá fin a todos los terremotos durante el derramamiento de la séptima copa. El granizo llegará a pesar cien libras. Eso es el peso de un sillón. Imagina una tormenta en que la caen a la Tierra decenas de miles de sillones reclinables a ciento cincuenta millas por hora. Un paraguas no te será de gran ayuda, ni tampoco el techo de tu casa. No habrá lugar donde esconderse de esta calamidad.

PALABRAS FINALES

Los creas o no, tuve mis dudas en incluir este capítulo. No quiero que me vean como alguien que sensacionaliza la tribulación para poder vender más libros. Sin embargo, es importante entender lo terrible que será la ira de Dios. Es más que decir: "Sí, seguro que no querrás estar allí cuando suceda" con una pequeña sonrisa. Será un pavor más allá de toda imaginación. Querido amigo, es verdad, no querrás estar cerca cuando comience la tribulación. Recuerda que la única razón por la que estarías todavía aquí es por haber rechazado de manera necia y rebelde el regalo de salvación que Dios te dio.

Además, si estás dándole vueltas a lo que leíste en este capítulo y pensando: "¿Cómo puede hacer esto Dios?", déjame animarte a volver atrás y releer el capítulo 3, donde vimos la abominable naturaleza del pecado y la profunda misericordia de Dios. La rebelión de la humanidad contra su Creador merece cada pizca de la ira venidera. Pero el deseo de Dios es que nadie experimente la tribulación. De hecho, era tanto lo que quería librarte de ella que Jesús se sujetó al sufrimiento, a la tortura y a una muerte terriblemente violenta tan solo para que puedas ser librado del castigo de tu pecado. No permitas que su sacrificio por ti se desperdicie. No aceptes el sufrimiento de la tribulación. Elige la salvación. Elige la esperanza. Elige a Jesús.

12

LO MÁS IMPORTANTE

Entonces, ¿ha empezado el Apocalipsis? No, no ha empezado. Sin embargo, según todos los indicios, no está muy lejos. Pero aún más importante que la inminente ira de Dios se esté acercando es la pregunta: "¿Entonces qué?". Si supiese que el rapto va a suceder mañana o el año que viene o dentro de una década, ¿cómo debería vivir la vida hoy? ¿El enfoque de mi vida debería ser diferente basado en que el rapto sucederá mañana en comparación con el año 2032?

LA CONTRADICCIÓN DEL CREYENTE

Para los cristianos la vida en la Tierra es una continua contradicción. Entendemos que el mundo originalmente fue creado para ser eterno, pero el pecado de la humanidad contaminó de forma irremediable la perfecta obra creativa de Dios. Nosotros también fuimos contaminados por el pecado, pero gloria a Dios que el daño no fue irreparable. Desde antes del comienzo

de los tiempos Dios había elaborado un plan para nuestra redención por el castigo del pecado a través del sacrificio de su Hijo:

> Sabiendo que fuisteis rescatados de vuestra vana manera de vi-
> vir, la cual recibisteis de vuestros padres, no con cosas corrup-
> tibles, como oro o plata, sino con la sangre preciosa de Cristo,
> como de un cordero sin mancha y sin contaminación, ya desti-
> nado desde antes de la fundación del mundo, pero manifestado
> en los postreros tiempos por amor de vosotros, y mediante el
> cual creéis en Dios, quien le resucitó de los muertos y le ha dado
> gloria, para que vuestra fe y esperanza sean en Dios (1 Pedro
> 1:18-21).

Dios sabía que caeríamos y sabía cuánto costaría nuestra reconciliación con Él. Aun así, su amor y su deseo por tener una
relación con nosotros eran tan grandes que consideró que valía
el precio. Aquí es donde entra en juego nuestra contradicción.

Como cristianos, reconocemos la inmortalidad del alma humana. Sabemos que somos seres eternos viviendo en un planeta temporal. El mundo no es nuestro hogar; solo estamos aquí
como embajadores de Cristo. También reconocemos que la mayoría de las personas no reconocen que ellas también son seres
eternos. No poseen nuestra perspectiva de largo alcance. Al no
reconocer la naturaleza temporal de este planeta, viven la vida
en el aquí y ahora. Lamentablemente, solo cuando se termine su
tiempo en la Tierra se darán cuenta del error que han cometido.
Para entonces, será muy tarde.

Como almas inmortales que reconocemos nuestra eternidad
en este hogar temporal, debemos vivir la vida como un pez fuera
del agua cuando se trata de nuestra cultura. La filosofía de "el

que muere con más juguetes gana" no debería significar nada para nosotros. El dinero, la felicidad y la libertad no deberían tener ningún lugar cercano al principio de nuestra lista de prioridades. Desafortunadamente, la mayoría de los creyentes no viven para lo eterno en el aquí y ahora; caen en el engaño de lo temporal en perjuicio de lo que realmente importa. En lugar de enfocarse en el pensamiento de Cristo, viven de acuerdo con los valores del mundo.

Cuando un oficial de policía va en una patrulla, observa las calles de una manera muy diferente a lo que lo hacemos tú y yo. Cuando conducimos desde el punto A al B, en general no somos conscientes a lo que sucede más allá de las luces del freno del auto que seguimos. Los ojos de los policías, sin embargo, nunca están quietos. Ven los estacionamientos y los callejones. Examinan las matrículas de los vehículos a su alrededor mientras evalúan si los conductores cumplen con las normas de tránsito. Comparado con nuestra indiferente y restringida visión periférica, ellos están sumamente atentos a lo que les rodea.

Así es la manera en que nosotros como creyentes tenemos que estar en el mundo. Debemos estar al servicio constantemente, buscando siempre a aquellos que necesitan saber la verdad. Por esa razón, estamos en una misión dada directamente por el Mesías:

> Jesús se acercó y les habló diciendo: Toda potestad me es dada en el cielo y en la tierra. Por tanto, id, y haced discípulos a todas las naciones, bautizándolos en el nombre del Padre, y del Hijo, y del Espíritu Santo; enseñándoles que guarden todas las cosas que os he mandado; y he aquí yo estoy con vosotros todos los días, hasta el fin del mundo (Mateo 28:18-20).

Poco después de que Jesús les dio este encargo a los discípulos, "se separó de ellos, y fue llevado arriba al cielo" (Lucas 24:51). Los discípulos no sabían cuánto tiempo pasaría hasta que Él regresara, pero vivían como si el regreso fuese inminente. Una vez más, esa palabra significa que Él podría venir en cualquier momento. Así que, después de la llegada del Espíritu Santo en Pentecostés, estos hombres se metieron por completo en su rol de propagadores del evangelio. Para todos —excepto para uno de ellos— les costaría la vida, un precio que estaban dispuestos a pagar.

¿Qué era lo diferente en ellos que podían ser tan entusiastas al extender el mensaje de salvación de Jesús? ¿Era porque habían visto al Señor? En parte podría ser. Pero existe una gran cantidad de ejemplos de creyentes que dieron su vida por el evangelio, que nunca vieron al Salvador con sus ojos físicos. En ese sentido, los discípulos no eran diferentes ni a ti ni a mí. Una vez que la iglesia los veneró como santos, fue como si se hubiese creado un abismo entre ellos y nosotros. Recuerda que eran tan solo un grupo de pescadores, de obreros y un recaudador de impuestos. Lo que marcaba la diferencia en ellos es que se comprometieron a llevar a cabo la misión de Cristo sin importar cuál fuese el costo. ¿Cómo podemos nosotros, que vivimos en este mundo de contradicciones, mantener los ojos puestos en lo eterno y no en lo temporal? La respuesta a esa pregunta es donde encontramos el "entonces, ¿qué?" de lo que parece ser nuestra pronta partida.

La misión por encima de la comodidad

En la iglesia occidental no entendemos la persecución. Si quieres saber lo que puede costarte ser cristiano, mira a los pastores encerrados en las cárceles iraníes. O ve a las iglesias subterráneas en las casas de China. O escucha los testimonios de los sobrevivientes nigerianos de los ataques de Boko Haram a las iglesias. Esa es la verdadera persecución. Lo que estamos experimentando en Occidente es incomodidad, pero la verdadera persecución viene para los creyentes durante la tribulación.

Ahora, para nosotros, lo peor que probablemente experimentemos por compartir nuestra fe sea algo de torpeza, quizá algunas preguntas difíciles y posiblemente un poco de vergüenza cuando no estamos seguros de las respuestas. Ahora que hemos leído acerca de lo que sucederá durante la tribulación, ¿crees acaso que esa incomodidad es un precio muy alto que pagar para que tus seres queridos sean rescatados de los años de la ira de Dios?

El problema no es solo que los cristianos no quieran arriesgarse a entrar en un conflicto por compartir la fe. ¡La mayoría siquiera piensa en ello! No es parte de su estilo de vida. Han caído en la manera de pensar satánica de que esta vida se trata de ellos: su comodidad, su satisfacción. Como resultado, desperdician la vida en el derroche. ¿Qué es el derroche? Es todo el tiempo, el dinero y el esfuerzo enfocados solo en ti, en tu felicidad y tus cosas.

Cuando me convertí en padre por primera vez sabía que me había cambiado la vida. Ver a mi hijo recién nacido fue uno de los momentos más maravillosos de mi vida. Pero junto con ese enorme gozo llegó una gran responsabilidad. Ya no podía vivir para mí mismo. Tenía la obligación hacia este niño de sacrificar cualquier cosa que fuese necesaria para asegurarme de que creciera bien cuidado.

Sucede lo mismo cuando nacemos de nuevo. Experimentamos la paz y la esperanza de la salvación. El temor al futuro desaparece. Nos regocijamos en el hecho de que nos convertimos en hijos de Dios y herederos del Padre. Pero con ese enorme gozo llega una gran responsabilidad. Pablo lo explicó de la siguiente manera:

> Porque por gracia sois salvos por medio de la fe; y esto no de vosotros, pues es don de Dios; no por obras, para que nadie se gloríe. Porque somos hechura suya, creados en Cristo Jesús para buenas obras, las cuales Dios preparó de antemano para que anduviésemos en ellas (Efesios 2:8-10).

Hemos recibido el regalo de salvación, y se espera que lo usemos. Ser cristiano es más que solo poseer un boleto al cielo. Cuando le decimos sí a Jesús, no solo nos volvemos parte de su familia, sino que nos unimos a su grupo de trabajo. Él nos creó y nos llamó para Él y ahora está preparado para desplegarnos para las tareas que preparó de forma especial para cada uno de nosotros.

El enfoque temporal dice: "Tengo que alcanzar todo el placer que pueda en la vida ahora. Tengo que ver todo lo que pueda ver y hacer todo lo que pueda hacer. Tengo que visitar todos los lugares que quiero conocer. Mi lista de deseos desborda, y tengo que revisar cada punto". Esta forma de pensar es perfectamente entendible si no sabes nada sobre la eternidad. Pero nosotros sabemos más. Jesús dijo:

> Entonces Jesús dijo a sus discípulos: Si alguno quiere venir en pos de mí, niéguese a sí mismo, y tome su cruz, y sígame. Porque todo el que quiera salvar su vida, la perderá; y todo el que pierda su vida por causa de mí, la hallará (Mateo 16:24-25).

Esas son palabras muy conocidas para cualquier que ha sido cristiano por un período de tiempo. La pregunta es: ¿realmente lo estás viviendo? ¿Te niegas a ti mismo por amor a tu misión? ¿Estás sacrificando tu comodidad para cumplir tu llamado? Muchos cristianos estarían dispuestos a morir por su fe, pero ¿cuántos la viven de forma genuina día tras día? Pablo comparó nuestra vida con una carrera: "¿No sabéis que los que corren en el estadio, todos a la verdad corren, pero uno solo se lleva el premio? Corred de tal manera que lo obtengáis" (1 Corintios 9:24). ¿A qué se parece correr para ganar? Observa la vida de Pablo. A medida que su tiempo en la Tierra llegaba a su fin, escribió:

> Porque yo ya estoy para ser sacrificado, y el tiempo de mi partida está cercano. He peleado la buena batalla, he acabado la carrera, he guardado la fe. Por lo demás, me está guardada la corona de justicia, la cual me dará el Señor, juez justo, en aquel día; y no solo a mí, sino también a todos los que aman su venida (2 Timoteo 4:6-8).

Él corrió hasta la muerte, teniendo siempre presente que cada día podía ser el último, sea por morir y/o por ser arrebatado. Debemos vivir de la misma manera, porque ya sea por muerte o por el rapto venidero, cada día también tendría que ser el último. El tiempo es corto; no lo desperdicies en ti mismo.

La unidad por encima de la división

Nunca he visto la iglesia tan dividida como en la actualidad. Los creyentes se pelean unos con otros, discuten en las redes sociales, se insultan, y todos afirman estar en lo correcto ante los ojos del Señor. El problema es que los temas por los que se pelean nada tienen que ver con la doctrina. No son peleas acerca del evangelio o detalles de las Escrituras. No se trata de una nueva reforma o de una "limpieza a fondo" para la iglesia. En lo que respecta a las doctrinas fundamentales de la fe cristiana, si somos verdaderos creyentes, estamos todos de acuerdo. Lo que divide a la iglesia últimamente y hace que los creyentes cuestionen la salvación entre ellos, tiene que ver con asuntos periféricos, como decisiones médicas, asuntos sociales y políticos.

Lamentablemente, la iglesia se encuentra en una era de creciente división. Pero la división en la iglesia no es nada nuevo. Incluso en la del primer siglo, Pablo le advirtió a Timoteo sobre aquellos que causaban división. En la segunda carta a su protegido le alertó sobre aquellos que "contiendan sobre palabras, lo cual para nada aprovecha" (2 Timoteo 2:14), que hablan "profanas y vanas palabrerías" (2:16), que participan en "cuestiones necias e insensatas" (2:23), que tendrán "comezón de oír" y "apartarán de la verdad el oído y se volverán a las fábulas" (4:3-4). ¡Al mirar esa lista, casi podrías pensar que Pablo tenía Facebook!

He visto divisiones al tratar temas como las lunas de sangre o el año sabático judío. Las personas se han destrozado unas a otras por teorías conspirativas sobre el 11-S y las vacas alazanas. De vez en cuando, miro los comentarios que hacen durante las actualizaciones de mis videos en vivo y, si bien la gran mayoría son muy alentadores y son hechos por personas realmente maravillosas, otros me han dejado meneando la cabeza. Aprendí sobre creencias que nunca había tenido y leí cosas que dije que nunca diría en mi vida. Todo esto me entristece, porque veo el punto de apoyo de Satanás en la iglesia expuesto entre los comentarios de mis propios videos.

Hay miles de personas que necesitan conocer el evangelio simple y puro de Jesucristo. Las teorías conspirativas no son lo que van a llevarlas a la verdad. Lo hará tu amor y servicio abnegado hacia ellas. En realidad, aún más que eso, es el amor y el servicio abnegado entre unos y otros lo que ayudará a llevar a las personas a la verdad. ¿Qué dijo Jesús sobre la necesidad de unidad?

> Un mandamiento nuevo os doy: Que os améis unos a otros; como yo os he amado, que también os améis unos a otros. En esto conocerán todos que sois mis discípulos, si tuviereis amor los unos con los otros (Juan 13:34-35).

El amor sacrificial genuino es muy raro en estos días, en particular fuera de la unidad familiar. Cuando las personas ven que el verdadero amor se pone en práctica, es atractivo y las acercará como abejas a la miel. Hagamos de ello el sello distintivo de las discusiones personales y en línea.

No estoy diciendo que dejes de creer en lo que sea que creas. Si tú y tu pastor pueden respaldar sus convicciones bíblicamente, mejor para ti. Me refiero a dejar de atacar a los queridos hermanos que quizá no estén de acuerdo contigo en las cosas no esenciales. Deja de *trolear* [atacar a otros en las redes sociales]. Deja de criticar. En lugar de utilizar este tiempo en atacarse unos a otros con "memes", úsenlo para animarse entre todos a estudiar la palabra de Dios. Permitamos que el gozo venza al enojo y la unidad a la división.

Este tiempo es corto y cada día se acorta más. Mientras tanto, Satanás se ríe por la brecha hacia donde lleva a la iglesia a través de la distracción, el desacuerdo, el veneno y la confusión.

Tenemos una misión en el tiempo que nos queda. Dejemos a un lado el "ellos contra nosotros" cuando se trata de asuntos que no tienen nada que ver con el evangelio. En cambio, si hay algo que las personas deben ver en nosotros, que sea amor, unidad y la luz de esperanza y paz que viene por nuestra relación con nuestro Señor y Salvador, Jesús.

Cristo por encima de cualquier otra cosa

¡Jesús vuelve pronto!

Tan solo deja que la verdad penetre. Cuando comparamos las Escrituras con lo que vemos en el mundo que nos rodea, podemos decir sin dudas ni exageración que el rapto podría suceder hoy y que pronto vendría la tribulación. Pero incluso si el Señor se demorase algunos años o décadas, todos sabemos que no falta mucho para que se termine nuestro tiempo en la Tierra y estemos en la presencia de nuestro Dios. En el tiempo que nos queda, sean horas o años, ¿qué vas a hacer?

Querido amigo: no existe manera más digna de pasar esa brecha que entre el ahora y el para siempre que cumpliendo tu misión como embajador de Cristo. En tu casa, en tu lugar de trabajo, en tu iglesia, en tu barrio, sé una luz que muestre a las personas que hay esperanza en este mundo deteriorado. Haz que vean que se puede tener paz en nuestra cultura dividida y violenta. Diles que vendrán tiempos peores, pero no tienen que temer. Jesús viene a llevarse a aquellos que le pertenecen y todo lo que tenemos que hacer para ser parte de esa operación de rescate es creer y recibir el regalo de la salvación.

Esa es la razón por la que estás aquí.

No, la tribulación aún no ha comenzado, pero viene muy pronto. ¿Estás preparado?

Jesús contó una parábola sobre diez vírgenes que tomaron sus lámparas y salieron a esperar la llegada del novio. Cinco de ellas fueron prudentes y llevaron aceite para las lámparas. Cinco se distrajeron con otras cosas y no pensaron en preparar aceite. Cuando a medianoche oyeron que el novio estaba llegando, las cinco mujeres insensatas de repente se dieron cuenta de su error. Llenas de pánico, les pidieron ayuda a las vírgenes prudentes, que desafortunadamente solo tenían suficiente aceite para ellas. A toda prisa, las cinco insensatas se fueron a comprar aceite.

> Pero mientras ellas iban a comprar, vino el esposo; y las que estaban preparadas entraron con él a las bodas; y se cerró la puerta. Después vinieron también las otras vírgenes, diciendo: ¡Señor, señor, ábrenos! Mas él, respondiendo, dijo: De cierto os digo, que no os conozco. Velad, pues, porque no sabéis el día ni la hora en que el Hijo del Hombre ha de venir (Mateo 25:10-13).

A menudo me pregunto qué hubiese sucedido si una de las vírgenes prudentes les hubiese dicho a las insensatas: "Ey, chicas, quizá quieran preparar un poco de aceite para poder estar listas cuando llegue el novio". Tal vez la habrían ignorado o se habrían burlado diciéndole: "¿De qué te preocupas tanto? Tenemos mucho tiempo". Pero quizá una o dos hubiesen escuchado, hubiesen tomado aceite y hubieran podido entrar por la puerta.

ESTE ES EL MOMENTO

La oportunidad para escapar de la tribulación venidera se está acabando. No permitas que nada te distraiga de estar preparado o de hacer que tus seres queridos sepan que ahora es el tiempo de tomar el aceite. Ahora es el momento de preparar el corazón.

> Así, pues, nosotros, como colaboradores suyos, os exhortamos también a que no recibáis en vano la gracia de Dios. Porque dice: En tiempo aceptable te he oído, Y en día de salvación te he socorrido (2 Corintios 6:1-2).

NOTAS

1. "Immigration by Country 2022" [Inmigración país por país 2022], *World Population Review*, https://worldpopulationreview.com/country-rankings/immigration-by-country

2. "Many Americans Say Other Faiths Can Lead to Eternal Life" [Muchos norteamericanos dicen que otras creencias pueden llevar a la vida eterna], *Pew Research Center*, 18 de diciembre de 2008, https://www.pewresearch.org/religion/2008/12/18/many-americans-say-other-faiths-can-lead-to-eternal-life/

3. Viaje apostólico de su santidad Francisco a los Emiratos Árabes Unidos, PDF en línea en español, https://www.vatican.va/content/francesco/es/travels/2019/outside/documents/papa-francesco_20190204_documento-fratellanza-umana.html

4. Ibid.

5. "Juan Pablo II, Audiencia general", 6 de diciembre de 2000, PDF en línea en español, https://www.vatican.va/content/john-paul-ii/es/audiences/2000/documents/hf_jp-ii_aud_20001206.html

6. Mark Lungariello, "Pastor threatens to kick out mask-wearing worshippers from church" [Pastor amenaza con echar de la iglesia a los fieles que no usen masacarilla], *New York Post*, 27 de julio de 2021, https://nypost.com/2021/07/27/pastor-threatens-to-kick-out-mask-wearing-worshippers/

7. Justin Taylor, "9 Reasons We Can Be Confident Christians Won't Be Raptured Before the Tribulation" [Nueve razones por las que los cristianos podemos estar confiados de que no seremos arrebatados antes de la tribulación], *TGC*, 5 de agosto de 2014, https://www.thegospelcoalition.org/blogs/justin-taylor/9-reasons-we-can-be-confident-christians-wont-be-raptured-before-the-tribulation/

8. John Piper, "Definitions and Observations Concerning the Second Coming of Christ" [Definiciones y observaciones concernientes a la segunda venida de Cristo], *Desiring God*, 30 de agosto de 1987, https://www.desiringgod.org/articles/definitions-and-observations-concerning-the-second-coming-of-christ

9. "U.S. Antisemitic Incidents Remained at Historic High in 2020" [Incidentes antisemitas en EE. UU. permanecen en un alza histórica en 2020], *ADL*, 26 de abril de 2021, https://www.adl.org/resources/press-release/us-antisemitic-incidents-remained-historic-high-2020

10. Cnaan Liphshiz, "European Jews worry war against antisemitism has been lost" [Los judíos europeos se preocupan de que la guerra contra el antisemitismo se haya perdido], *Jewish Journal*, 3 de junio de 2021, https://www.sun-sentinel.com/florida-jewish-journal/fl-jj-european-jews-worry-war-against-antisemitism-lost-20210603-wjtwl4mvzn-en5f3eleovkxii3i-story.html

11. "G.W.F. Hegel 1770-1831", *Oxford Reference*, https://www. oxfordreference.com/view/10.1093/acref/9780191826719.001.0001/q-oro-ed4-00005305

12. Eric Snow, "The Life Cycles of Empires" [El ciclo de vida de los imperios], *Beyond Today*, 6 de julio de 2011, https:// www.ucg.org/the-good-news/the-life-cycles-of-empires-lessons-for-america-today

13. "Imminent" ["Inminente"], *Merriam-Webster*, https://www. merriam-webster.com/dictionary/imminent

14. "IAEA 'cannot assure' Iran nuke program peaceful; Tehran has enough material for bomb," [IAEA 'no puede asegurar' que el programa nuclear de Irán sea pacífico; Teherán tiene suficiente material para una bomba], *The Times of Israel*, 7 de septiembre de 2022, https://www.timesofisrael.com/un-watchdog-says-it-cannot-assure-irans-nuclear-program-is-peaceful/

15. Gabriel Honrada, "Iran looks to Russia for Su-35 fighter jet deal" [Irán busca a Rusia para los aviones Su-35], *Asia Times*, 7 de septiembre de 2022, https://asiatimes.com/2022/09/iran-looks-to-russia-for-su-35-fighter-jet-deal/

16. "Turkey reaffirms support to Libya's efforts for reconciliation" [Turquía reafirma su apoyo a los esfuerzos de reconciliación de Libia], *Daily Sabah*, 20 de febrero de 2022, https://www.dailysabah.com/politics/diplomacy/turkey-reaffirms-support-to-libyas-efforts-for-reconciliation

17. "Hunger Hotspots: 4 countries face famine, UN report warns" [Las Naciones Unidas advierten sobre los focos de hambre: cuatro países padecen hambruna], *World Food Programme*, 28 de enero de 2022, https://www.wfp.org/stories/hunger-hotspots-4-countries-face-famine-un-report-warns

18. "7 reasons why there has been an increase in the number of earthquakes" [Siete razones por las que ha habido un aumento en el número de terremotos], *Times of India*, 11 de diciembre de 2017, https://timesofindia.indiatimes.com/home/science/7-reasons-why-there-has-been-an-increase-in-number-of-earthquakes/articleshow/62019578.cms

19. "Worldwide Surge in 'Great' Earthquakes Seen in Past 10 Years" [Aumento mundial de los mayores terremotos vistos en los últimos diez años], *NBC News*, actualizado al 25 de octubre de 2014, https://www.nbcnews.com/science/science-news/worldwide-surge-great-earthquakes-seen-past-10-years-n233661

20. Umair Irfan, "We know where the next big earthquakes will happen—but not when" [Sabemos dónde ocurrirán los próximos grandes terremotos, pero no cuándo], *Vox*, actualizado al 23 de enero de 2018, https://www.vox.com/energy-and-environment/2017/9/21/16339522/8-things-to-know-about-earthquakes-alaska

21. Kathryn Schulz, "The Really Big One" [El Grande], *The New Yorker*, 13 de julio de 2015, https://www.newyorker.com/magazine/2015/07/20/the-really-big-one

22. "Factbox: Wildfires breaking out across the world" [Cuadro de datos: Incendios descontrolados en todo el mundo], *Reuters*, 24 de agosto de 2022, https://www.reuters.com/world/europe/wildfires-breaking-out-across-world-2022-07-19/

23. "UN chief views 'unimaginable' damage in visit to Pakistan's flood-hit areas" [El líder de las Naciones Unidas evalúa un daño 'inimaginable' en su visita a las áreas inundadas de Pakistán], *The Guardian*, 10 de septiembre de 2022, https://

www.theguardian.com/world/2022/sep/10/un-secretary-ge-neral-antonio-guterres-pakistan-floods-visit

24. "Facts and figures on life in the European Union" [Datos y cifras de la vida en la Unión Europea], *European Union*, https://european-union.europa.eu/principles-countries-his-tory/key-facts-and-figures/life-eu_en#:~:text=Size%20and%20population,country%20and%20Malta%20the%20smallest

25. "What does it mean that the euro has fallen below parity with the dollar?" [¿Qué significa que el euro haya caído por debajo de la paridad con el dólar?], *PBS News Hour*, 23 de agosto de 2022, https://www.pbs.org/newshour/economy/ask-the-headhunter/what-does-it-mean-that-the-euro-has-fallen-below-parity-with-the-dollar

26. Drew Desilver, "In the U.S. and around the world, infla-tion is high and getting higher" [En EE. UU. y el mun-do, la inflación es mayor y sigue creciendo], *Pew Research Center*, 15 de junio de 2022, https://www.pewresearch.org/fact-tank/2022/06/15/in-the-u-s-and-around-the-world-in-flation-is-high-and-getting-higher/

27. Freeman Dyson, "The Question of Global Warming" [La cuestión del calentamiento global], *The New York Book Re-view*, 12 de junio de 2008, https://www.nybooks.com/arti-cles/2008/06/12/the-question-of-global-warming/?lp_txn_id=1378152

28. Henno Kruger, "30 of the Best Jeff Foxworthy 'You Might Be a Redneck' Quotes" [Treinta de las mejores citas de Jeff Foxworthy de 'Tú debes ser un campesino de tez blanca'], *Running Wolf's Rant*, 1 de noviembre de 2018, https://rwrant.co.za/jeff-foxworthy-you-might-be-a-redneck-quotes/

29. John C Lennox, *Against the Flow* [Contra la corriente], (Oxford, UK: Lion Hudson, 2015), p. 259.

30. James Romero, "Images: 10 incredible volcanoes in our solar system" [Imágenes: Diez increíbles volcanes en nuestro sistema solar], *Space.com*, 1 de mayo de 2021, https://www.space.com/incredible-volcanoes-in-our-solar-system

31. "Coronavirus Death Toll" [Total de víctimas del coronavirus], *Worldometer*, 13 de octubre de 2022, https://www.worldometers.info/coronavirus/coronavirus-death-toll/

32. "Why are we having so many earthquakes?" [¿Por qué ocurren tantos terremotos?], *USGS.gov*, https://www.usgs.gov/faqs/why-are-we-having-so-many-earthquakes-has-naturally-occurring-earthquake-activity-been